Marie Charlotte Dyckhoff
Peter Dyckhoff

Das Blaue Buch
Vom Loslassen und Wiederfinden

Marie Charlotte Dyckhoff
Peter Dyckhoff

Das Blaue Buch

Vom Loslassen und Wiederfinden

Bibliografische Information: Deutsche Nationalbibliothek.
Die Deutsche Nationalbibliothek verzeichnet diese Publikation in der
Deutschen Nationalbibliografie; detaillierte bibliografische Daten sind
im Internet über http://dnb.de abrufbar.

1. Auflage 2021
© fe-medienverlags GmbH
Hauptstr. 22, D-88353 Kißlegg
www.fe-medien.de

ISBN 978-3-86357-288-4

Satz: SATZstudio Josef Pieper, Bedburg-Hau
Umschlaggestaltung: Finken & Bumiller, Stuttgart
Druck: Pustet, Regensburg
Printed in Germany

Inhalt

Vorwort

Aus dem Kelch trinken

Jesus sagte im Garten Getsemani kurz vor seiner Verhaftung zu Petrus, der versuchte, seinen Herrn mit dem Schwert zu verteidigen: »Der Kelch, den mir der Vater gegeben hat – soll ich ihn nicht trinken?« (Johannes 18,11b). Mit diesen Worten nahm Jesus bereitwillig und bewusst den Weg an, den ihm der Vater vorgegeben hatte.

Das Wort Jesu hatte ich als Arbeitstitel für das Buch gewählt, das einen Teil des äußeren und inneren Weges meiner Mutter beschreibt. Nach dem plötzlichen Unfalltod meines Vaters hatte sie schwere Lasten zu tragen. Über einige Jahre hinweg war das Leben, das ich führte, für sie die schwerste Last. Wie meine Mutter hiermit umging, wie sie gelitten und sich gewehrt hat, spiegeln ihre eigenen Worte wider. Nach ihrem Tod fand ich Aufzeichnungen und Briefe an mich, die von großer Leiderfahrung und am Ende von unendlichem Glück sprechen. Mein Leben, meine Fehlentscheidungen und letztlich meine Entscheidung, Priester zu werden, erschütterten Mutters Existenz nicht nur grundlegend, sondern sie führten auch zu einem tiefen inneren Frieden in Gott. In schwersten Stunden ihres Lebens lernte sie auf äußerst leidvolle Weise das Loslassen von dem, was ihr in dieser Welt das Liebste war. Ich hätte ihr so gern dabei geholfen, doch vermochte ich es nicht, da ich weder dazu in der Lage war noch die Möglichkeit hatte, ihre zeitweilige Verschlossenheit aufzubrechen.

Wie oft hörte ich in einem vertrauten Gespräch die Worte aus ihrem Mund: »Mir bleibt nichts erspart. Ich muss den bitteren Kelch bis zur Neige trinken«. Erst durch ihre schriftlichen Aufzeichnungen rundete sich viele Jahre nach ihrem Tod das Bild dieser herausragenden Frau für mich ab und ich durfte erkennen, welch wunderbare Wandlung und Heilung sich in ihr durch das Gebet der Hingabe und durch das gelebte Geheimnis des Glaubens vollzogen hat.

Schicksalsschläge, Enttäuschungen und viele Verletzungen, die sie schweigend hinnehmen musste, ohne etwas dagegen tun zu können, verwundeten nicht nur ihre Seele, sondern ließen sie auch größere schöpferische Zusammenhänge erkennen. Die aus diesem Leid und aus dieser Erkenntnis gewonnene Lebenskraft gab sie an andere und nicht zuletzt an mich liebevoll weiter. Nach anfänglicher heftiger Auflehnung gegen mich – Mutter hegte zeitweise berechtigte wie auch unberechtigte Erwartungen an mich, die ich nicht erfüllen konnte – entwickelte sich zwischen uns eine gegenseitige Liebe, die nichts Bindendes mehr an sich hatte, sondern, so darf ich es heute sagen, die uns auf Gottes Ewigkeit hin entgrenzte. Die schmerzliche Erfahrung des Loslassens führte sie an Abgründe der menschlichen Existenz, doch letztendlich wurde Mutter vom Leben reich beschenkt und fand Verlorengeglaubtes in ungeahnter Fülle und in einer neuen Tiefendimension wieder.

Das Blaue Buch vom Loslassen und Wiederfinden möchte ermutigen, aus dem Kelch zu trinken, wenn er uns unabdingbar als Kelch des Lebens, des Todes und der Auferstehung gereicht wird. Ich höre noch Mutters Worte, die wie ein Echo aus ihrer tiefsten Tiefe kamen – aus einer Tiefe, die zur wahrhaftigen Lebens- und Gotteserfahrung wurde: »Nimmst du das Unabänderliche geduldig und bejahend an, darfst du erleben, dass in jedem Leid und in jeder Wunde ein Stück Ewigkeit wohnt.«

Die Texte, die ich nach Mutters Tod in ihrem Blauen Buch fand, sind einerseits sehr persönlich und an ihr Leben und teils an das meine gebunden, andererseits zeigen sie aber auch eine vom Geist Gottes getragene Lebenswahrhaftigkeit, die von immerwährender Gültigkeit ist. Nachdem Mutter bereit war, das sich ihr Offenbarende liebend anzunehmen, geschah Wandlung zum Heil.

Um die Aussagen von Mutter verstehbarer und einsehbarer zu machen, war es notwendig, die Texte durch Kommentare zu verbinden. Diese Kommentare bestehen häufig aus der Schilderung meiner Lebenssituationen, die zu einem Großteil ihr Leben beeinflussten.

Mir ist bewusst: Das Wesentliche ist letztlich nicht aussagbar; es bleibt Fragment, weil es für uns ein noch unergründbares Geheimnis darstellt – eine Liebesgeschichte mit Gott. Doch sollten wir versuchen, das weiter zu erzählen, was der Schöpfer uns durch seine Geschöpfe offenbaren möchte.

Der Einbruch

78 Jahre alt war Mutter, als etwas Schreckliches in ihrem Leben geschah. Niemals habe ich erlebt, dass sie Angst hatte. Mutig und engagiert versuchte sie viele Probleme sowohl ihres eigenen Lebens als auch die Probleme ihrer Familie zu meistern. So muss sie auch an diesem Freitagabend gehandelt haben. Es war gegen 21 Uhr, als es passierte.

Seit dem Tod meines Vaters, der Heirat meiner Schwester und seit meinem Auszug aus dem Elternhaus lebte sie allein. Es waren sicher schon zehn Jahre und mehr. Als ich aus beruflichen Gründen meine Heimat verließ – ich spürte bereits weit vorher, wie schwer es Mutter fiel, allein bleiben zu müssen –, schenkte ich ihr einen jungen Langhaardackel. Ein schwarzer Streifen auf dem Rücken durchzog das rötlich-braune Fell. Sie nannte ihn Timmy und Timmy war fortan immer bei ihr.

Mutter liebte es, sich Kriminalfilme anzusehen. In ihrem Schlafzimmer – alle Zimmer waren zu ebener Erde – hatte sie ein Fernsehgerät, das sie von ihrem Bett aus bediente. An Abenden mit einem Programm, das ihr zusagte, ging sie schon sehr früh zu Bett, um den Film in aller Ruhe und Gemütlichkeit genießen zu können. So war es an diesem Freitagabend, als sie die Sendung »XY-ungelöst« von und mit Eduard Zimmermann sah. Plötzlich hörte sie unter ihrem Schlafzimmerfenster seltsame Geräusche. Es war ein warmer Septembertag und sie hatte das Fenster weit geöffnet, die beiden Blendläden jedoch geschlossen. Mutter nahm die Lautstärke des Fernsehtons zurück, um hören zu können, was unter ihrem Fenster geschah. Sie sah, wie Hände mit weißen Handschuhen die Blendläden von unten hochstemmten und aus den Angeln hoben. Gebannt starrte sie auf das offene Fenster.

Dann ging alles sehr schnell: Fünf vermummte Männer zogen sich die Brüstung hoch und sprangen nacheinander durch das Fenster in ihr Schlafzimmer. Keiner sagte einen Ton. Während zwei oder drei von ihnen an ihrem Bett vorbei in den Flur und die anderen Räume rannten, riss ein anderer vor ihren Augen den Kleiderschrank auf und warf ihre Blusen und Pullover auf den Boden. In Windeseile wurden Ärmel aus ihren Blusen gerissen und aneinander geknotet. Dann wurde Mutter mit diesem »Strick« am ganzen Körper gefesselt, sodass sie sich nicht mehr bewegen konnte. Währenddessen hatte ein anderer die zehn Meter lange Telefonschnur aus der Wand und dem Telefon gezogen und verstärkte damit noch einmal die Fessel. Vor allem Mutters Beine und Füße schnürte er so eng und brutal zusammen, dass er ihr dabei einen großen Zehnagel ausriss. Während die Einbrecher das Haus nach Wertsachen durchsuchten, blieb einer zur Bewachung auf ihrem Bettrand sitzen.

Mutter, die niemals in ihrem Leben Angst zeigte, begann ein Gespräch und machte ihrem Bewacher die schlimmen Folgen eines solchen Einbruchs deutlich. Der junge Mann sagte, er sei zum ersten Mal dabei und habe starkes Herzklopfen. Er warnte Mutter davor, zu schreien und um Hilfe zu rufen. Dann nahm er ihr in hastigen Bewegungen den Armreifen ab und zog ihre Ringe von den Fingern. Als Mutter sah, dass er auch ihre Geldbörse, die auf dem Nachtisch lag, an sich nahm, sagte sie doch tatsächlich zu ihm: »Lassen Sie mir wenigstens etwas Geld zurück, damit ich Morgen auf dem Markt zum Sonntag noch etwas kaufen kann!«

Der Bewacher muss durch Mutters innere Kraft und Ruhe wohl so konsterniert gewesen sein, dass er blitzschnell die Nachttischschublade öffnete und den Schmuck und die Geldbörse darin versteckte. »Damit meine Leute Ihnen nicht auch das noch wegnehmen«, sagte er schnell und leise. Wohl durch die Geräusche der Schublade erschreckt und im Glauben, Mutter wehre sich, kam ein anderer ins Schlafzimmer zurückgelaufen, ergriff eine am Boden liegende Strickjacke und knotete sie so um Mutters Kopf, dass der dicke Knoten ihren offenen Mund verstopfte.

Die Einbrecher hatten das, was ihnen wertvoll erschien, in Kissenbezüge gestopft, und genauso schnell, wie sie gekommen waren, verschwanden sie mit ihrer Beute wieder. Mutter aber ließen sie mit blutigen Füßen, gefesselt und geknebelt, allein liegen. Durch ständige Kopf- und Körperbewegungen gaben die Stricke langsam nach, sodass Mutter zunächst einen Arm befreien konnte, um als Erstes den Wollknoten aus ihrem Mund zu lösen, der sie in bedenkliche Atemnot gebracht hatte. Nach und nach gelang es ihr, die Fesseln abzustreifen. Dann schleppte sie sich zum noch funktionierenden Telefonapparat im Wohnzimmer und rief über den Notruf die Polizei.

Als ich Deinen lieben Brief erhielt, wollte ich Dir gleich schreiben. Aber nun sind schon wieder Tage vergangen. Die Handwerker sind einige Tage da und montieren Vergitterungen an die Fenster. Ich bin wirklich froh darüber, wenn alles fertig ist, dann lebe ich doch weitaus sicherer als vor dem Einbruch. Er steckt noch zutiefst in mir und ich gäbe etwas darum, wenn ich hier in unserem Haus nicht allein leben müsste. Doch dankbar bin ich unserem Herrgott, dass er unser Beschützer ist. Wenn ich ein Anliegen habe, ist es für mich der leichteste Weg, mich an Gott zu wenden und ihn zu bitten, mir zu helfen. Diese Erfahrung habe ich in meiner Not bei dem Überfall gemacht, als man mich gefesselt und mir mit meiner Strickjacke den Mund zugebunden hatte. Der Herr war so gütig und zuvorkommend und hat mich am Leben erhalten.

Durch all das Schwere habe ich noch einmal neu lernen müssen, mich nicht um das zu sorgen, was kommen wird, und nicht zu weinen um das, was vergeht. Aber eine Sorge ist mir bei allem geblieben: die Sorge, mich nicht selbst zu verlieren, das heißt letztlich, den Himmel, den ich in mir trage.

Trotz sorgfältiger Spurensicherung und entsprechenden Ermittlungen wurde niemand gefasst. Nach mehr als einem Jahr sollte Mutter bei der Kriminalpolizei einen Mann identifizieren, der angeblich an dem Einbruch beteiligt war. Sie erkannte ihn sofort – es war der Mann, der auf ihrer Bettkante gesessen hatte und Wache halten musste. Mutter drückte ihm ein Auge zu und sagte zu den Beamten: »Ich hab ihn noch nie zuvor gesehen.« Das war Mutter!

Ich habe mich später oft gefragt, warum Mutter den Einbrecher schützte. War sie der Überzeugung, dass der junge Mann ohne die gerichtliche Strafverfolgung eher wieder zu einem »geordneten« Leben zurückfinden würde? Wäre letztlich für ihn nicht doch ein Strafverfahren

»heilsamer« gewesen? Mutter äußerte sich in keinem Gespräch dazu. Wahrscheinlich muss sie ihrer Sache sicher gewesen sein. Sie sprach nur ein wenig humorvoll von Timmy, der sich während des Überfalls aus Angst still unter ihrem Bett versteckt hatte, statt sie zu beschützen.

Warum berichte ich von diesem Vorfall? Er ist ein Beispiel für die vielen Situationen, die Mutter für mich zu einer starken und großen Frau machten, die lebenswahrhaftig mit sich und anderen umging.

Noch lange Jahre nach Mutters Tod habe ich gezögert, etwas über sie zu schreiben, doch jetzt scheint mir die Zeit dafür reif zu sein. Ist es überhaupt möglich, rechte Worte für einen geliebten Menschen zu finden, die ihm auch nur annähernd gerecht werden? Ich glaube kaum. Zwar kann ich beschreiben, was sich zu einer bestimmten Zeit in Mutters Leben ereignete – wie zum Beispiel der erwähnte Einbruch –, doch das, was sich wirklich in ihrem Inneren und in ihrer Seele vollzog, ist und bleibt für mich unaussprechlich. Ich stelle mir einen Ozean vor, dessen Wasser durch unterschiedliche Windstärken mehr oder weniger bewegt wird. Manchmal türmen sich haushohe Wellen auf, die alles zu verschlingen scheinen und Angst machen. Dann tritt wieder Ruhe ein und das Meer zeigt eine sanft anmutende Oberfläche. Ähnlich ist es mit meinen Worten, wenn ich versuche, Mutters Leben auch nur annähernd zu beschreiben. Sie bleiben an der Oberfläche und drücken eigentlich nur das aus, was äußerlich ihr Leben bewegte. Doch wie unendlich tief ist das Wasser des Ozeans, in das wir keinen Einblick haben. Die sichtbaren Bewegungen setzen sich oft auf geheimnisvolle Weise fort und stören die Ruhe der Tiefe oder vertiefen gar den Meeresgrund. Über das, was an äußeren Bewegungen im Leben eines Menschen geschieht, kann man etwas aussagen – mehr oder weniger verschlossen bleibt uns jedoch, das eigentliche Wesen und seine seelische Tiefe auszuloten. So sind und bleiben die Worte, die ich auszudrücken versuche, Fragment. Sie sind lediglich Hinführungen zum besseren Verständnis dessen, was Mutter selbst geschrieben hat.

Schon immer gab es bei ihr – vornehmlich nach Vaters Tod – ein kleines Geheimnis, das sie nur selten jemandem offenbarte. Von Zeit zu Zeit zog sie sich zurück und schrieb etwas in ihr Blaues Buch, das sie immer verschlossen oder versteckt hielt. Manchmal übertrug sie auch Texte oder kurze Gedankensplitter, die sie tagsüber flüchtig auf die Rückseite eines Kalenderblattes, auf lose Blätter – mitunter waren es auch Papierservietten – oder sonstige leere Seiten verschiedenster Drucksachen geschrieben hatte. Dieses Tun war etwas ihr Eigenes, etwas Geheimnisvolles, und niemand störte sie dabei oder fragte gar nach dem Inhalt des Geschriebenen.

Kurz vor ihrem Tod sprach Mutter in wenigen Worten über ihr Blaues Buch und bat mich, es an mich zu nehmen. Sie sagte, es seien Gedanken darin zu meinen beruflichen und persönlichen Suchbewegungen, Briefe an mich, die sie nicht abgeschickt habe, und Äußerungen von Gefühlen, die sie nur diesem Blauen Buch hätte anvertrauen können.

Es mussten viele Jahre vergehen, bis ich dieses Buch aufgeschlagen und gelesen habe. Es hat sich für mich bewahrheitet, dass man über das, was an äußeren Bewegungen im Leben eines Menschen geschieht, wohl etwas aussagen kann – mehr oder weniger verschlossen bleibt uns jedoch das eigentliche Wesen und seine seelische Tiefe.

So sind und bleiben meine Worte lediglich Hinführungen zum besseren Verständnis dessen, was Mutter selbst geschrieben hat.

Es gibt bestimmte Begegnungen im menschlichen Leben, die einen starken Eindruck bei uns hinterlassen. Intellektuell können wir uns nicht erklären, warum das so ist. Eine uns ansprechende Begegnung übt einen gewissen schönen und sanften Reiz des Geheimnisvollen in unserer Seele aus. Ein Gesicht beginnt plötzlich für uns zu leuchten, das wir vielleicht vorher ganz übersehen haben. Die innere Schönheit eines Menschen wird uns bewusst, während uns die Züge eines anderen unberührt lassen. Wir fühlen uns durch jemanden angesprochen, den wir eigentlich gar nicht kennen. Es gefallen uns seine Bewegungen, die Art, wie er spricht, seine Ausstrahlung und vieles mehr. Ist die Begegnung mit einem solchen Menschen beendet, durchströmt uns eine Sehnsucht, ihm wieder zu begegnen.

Das Fundament

Um so lange wie möglich inmitten ihrer Familie leben zu können, verließ Mutter zur beruflichen Ausbildung ihre Heimatstadt Melle am Wiehengebirge nicht. Für Stoffe und Mode interessierte sie sich schon seit ihrer Jugend. Nicht weit von ihrem Elterhaus entfernt, am Marktplatz, gab es das Konfektionshaus für Damen- und Herrenoberbekleidung »Julius Aberbach«. Hier fand sie eine Stelle und wurde nach der Lehre übernommen. Zu ihren Eltern hatte Mutter eine tief innerliche Beziehung. In einem Brief an mich aus dem Jahr 1979, den sie nicht abgeschickt hat, schreibt sie einige Zeilen über ihre Mutter.

Wenn ich Dir schreibe, habe ich oft den Eindruck, dass durch mich meine eigene Mutter mitspricht. Daher möchte ich ihr heute in diesen Zeilen an Dich etwas mehr Raum geben. Wie bei vielen wertvollen Dingen in unserem Leben vermögen wir den wahren Wert unserer Mutter erst dann wirklich zu schätzen, wenn wir sie verloren haben. Abends kam sie auf leisen Zehen an mein Bett, um zu schauen, ob ich eingeschlafen sei. Sie war Stärke und Schutz für mich – sorgenvoll auf mich horchend. Ich werde meine Mutter niemals vergessen, denn sie pflanzte und nährte den Keim des Guten in mir. Selbst als ich schon älter war, beruflich auf eigenen Füßen stand und eine eigene Familie besaß, erlebte ich, besonders in Krisenzeiten, dass mein schönster und unverlierbarer

Platz sich im Herzen meiner Mutter befand. Gott konnte nicht überall sein, darum schuf er Mütter.

Mutter wurde wie ihre Eltern und Großeltern im evangelischen Glauben erzogen. Die Kirche zu besuchen, die am Marktplatz der katholischen Kirche gegenüberstand, bedeutete ihr sehr viel. Am liebsten ging sie – auch als sie schon älter war – mit ihren Eltern in den sonntäglichen Gottesdienst. Nach Mutters Tod fand ich bei ihren ganz persönlichen Unterlagen ein kleines Heft, in das sie schon in jungen Jahren – ich konnte es an ihrer Schrift erkennen – Psalmen- und Bibelverse eingetragen hatte, die ihr sehr viel bedeuteten. Mutter wusste, wie wichtig und lebensnotwendig es ist, sich auch in späteren Jahren immer wieder an das Gute, das sie durch ihre Eltern aber auch durch ihren Glauben erfuhr, zu erinnern und dankbar zu sein. Wohl aus diesem Grund berichtet sie in einem Brief, den ich kurz vor meiner Weihe zum Diakon in Brixen im Jahr 1980 erhielt, etwas ausführlicher von ihren Eltern.

Wenn Du endlich in Deinem neuen Beruf stehen wirst und zur Ruhe gekommen bist, kann es sein, dass Du eines Tages nach Deinen Großeltern fragst. Vielleicht wird es in einer Zeit sein, in der ich auch schon nicht mehr lebe. Daher möchte ich versuchen, Dir das Wesen meiner Eltern ein wenig zu beschreiben.

Über meine Mutter zu sprechen und die richtigen Worte zu finden, fällt mir schwer. Katharine Luise Auguste Eickmeyer wurde am 16. Dezember 1880 in Melle geboren. Sie heiratete am 17. Mai 1906 meinen Vater, den

Tischler Friedrich Wilhelm August Giese, der am 13. Dezember 1876 in Gerden bei Melle geboren wurde. Meine Mutter war für mich zeitlebens die Sonne meines Daseins. Du kennst Bilder von ihr, sodass Dir ihre Gesichtszüge bekannt sind. Doch welcher mechanische Apparat ist schon in der Lage, die Seele dieser Züge, ihre Beweglichkeit und ihre Anmut wiederzugeben? Das wahre innere Wesen eines Menschen kann wohl niemals in einem Bild zusammengefasst werden. Eine wunderbare innere Ruhe und gleichzeitig eine lebhafte Beweglichkeit zeichneten sie aus. Ihre schöne und hohe, von vollem Haar eingerahmte Stirn spiegelte die Klarheit und Reinheit ihrer Gedanken wider. Um mich kurz zu fassen: Mutter war ein Bild vollendeter Weiblichkeit, großer Mütterlichkeit und hoher Menschlichkeit. Sie besaß eine starke Durchsetzungskraft, die mit Anmut gepaart war. Jeder konnte ihrer Teilnahme gewiss sein; sie riet und half, wo sie nur konnte. Sie war nachsichtig gegen Schwächen und großmütig im Verzeihen. Dies war meine geliebte Mutter. Das Wort »Mutter« löst noch immer bei mir ein gewisses Heimweh aus.

Ich wurde streng erzogen und Vater und Mutter waren sich darin einig. Mit Liebe und Geduld versuchte mein Vater, mich zu sich heraufzuziehen. Nie wurde er müde, mir etwas Neues beizubringen, mich zu belehren, zu ermahnen, zu verzeihen. In gewisser Weise hänge ich noch heute an meinem Vater, der schon 1947 an einer heimtückischen Krankheit starb. In jeder Lebenssituation hat er mir geholfen, er war immer da für mich und stand mir in allem zur Seite.

In besonderer Hochachtung, aber immer nur mit wenigen Worten, sprach Mutter von ihrem Vater. Einmal jedoch erzählte sie mir eine Geschichte, derer sie sich ein wenig schämte. Ihre Worte klangen engagiert und überzeugend. Und ihr damaliges Tun zeigt mir, welch große Liebe sie zu ihrem Vater empfand.

Noch war Mutter in Melle bei »Julius Aberbach« in der Modebranche beschäftigt. Der Inhaber schätzte sie und ihre Arbeit sehr. Diesen Beruf hatte sie sich schon als junges Mädchen erträumt und sie ging nun ganz in ihm auf. Mutter verstand sich mit ihrem Vater, der inzwischen eine Schreinerei aufgebaut hatte und selbstständig war, besonders gut. Da die Baubranche über längere Zeit in einer Krise steckte, waren mehrere große Rechnungen offen, die einfach nicht beglichen werden konnten. Wie so vielen Handwerksbetrieben drohte auch ihm das Insolvenzverfahren. Ihr Vater muss entsetzlich gelitten haben. Er schlief keine Nacht mehr. Er war regelrecht verzweifelt, versuchte es aber vor seiner Familie – Mutter hatte noch zwei Schwestern – zu verbergen. Die Banken, sagte er, seien schon zufrieden, wenn er nur einen Teil des Geldes zurückzahle.

Mutter in ihrer Seelenverwandtschaft wusste um die Not ihres Vaters und wollte ihm unter allen Umständen helfen, doch reichten ihre Ersparnisse nicht aus. In dieser Situation erinnerte sie sich an ein Angebot, das Herr Aberbach ihr einmal gemacht hatte. Obwohl sie seinerzeit abgelehnt hatte, sprach sie ihn darauf an. Und schon nach einigen Tagen hatte Mutter die Möglichkeit, in Berlin vor Einkäufern großer Häuser, wie zum Beispiel »Grauman und Tietz«, Mode vorzuführen. Zu Hause hatte sie gesagt, sie müsse für einige Tage zu einer Schulung. Die

Kleiderfabrikanten, deren Garderobe sie zeigte, waren sehr mit ihr zufrieden und gaben ihr sogar ein größeres Honorar als vereinbart. Doch niemand durfte etwas davon erfahren, denn in der Kleinstadt Melle wäre ein solches Tun völlig missverstanden worden.

Als Mutter nach einigen Tagen zurückkam, konnte sie zum größten Erstaunen ihres Vaters ihm genau das Geld übergeben, das er zur Deckung seiner Schulden benötigte. Ja, sie steckte ihm noch etwas mehr zu, damit er neues Holz kaufen und somit seine Arbeit ohne Unterbrechung fortsetzen konnte.

Das war Mutter! Wenn es darauf ankam, machte sie nicht viele Worte, sondern sie handelte. Leider verlor sie schon bald ihre Stelle im Bekleidungshaus »Julius Aberbach« in Melle. Herr Aberbach war Jude. Sein Geschäft wurde über Nacht geschlossen und völlig ausgeräumt. Hitler war an der Macht.

Mir wird immer klarer, wie sich irdisches Glück, das wieder vergeht, unterscheidet vom wahren Glück, das währt und durch dunkle Zeiten trägt. Das irdische Glück versteht es, solange der Mensch lebt, ihn zu necken, ihn zu locken und zu verführen, um ihn dann mit leeren Händen und einem traurigen Herzen stehen zu lassen. Wenn ihm dann die Basis fehlt, das heißt, der Zugang zur unveränderlichen und dauerhaften Liebe, die letztlich Gott ist, beginnt er, am Leben zu zweifeln, und wird krank. Hat er jedoch diesen Zugang, wird er alle Wechselfälle des sich ständig verändernden Lebens bestehen und gleichzeitig in seiner Persönlichkeit und in seiner Gottesbeziehung wachsen.

Da es in Melle kein Bekleidungshaus mehr gab, fuhren die meisten Einwohner zum Einkaufen mit dem Zug nach Osnabrück. Mutter bewarb sich dort bei der Firma »Gebrüder Leffers«, die ihr durch ihre Tätigkeit bei »Julius Aberbach« und durch gemeinsame Zentraleinkäufe bekannt war. Sie erhielt die Stelle, wohnte aber weiter zu Hause. Der Weg von der Mühlenstraße, die jetzt Adolf-Hitler-Straße hieß, zum Bahnhof war weit; ebenso der Weg in Osnabrück vom Bahnhof zu ihrer Arbeitsstelle. Und das alles zweimal am Tag. Als Mutter nach einigen Wochen von der Geschäftsführerin bei Leffers hörte – wohl aus Eifersucht oder wegen einer gewissen Rivalität: »Fräulein Giese, Sie sind mir nicht kompetent genug!«, kündigte sie kurzentschlossen.

Zu dieser Zeit war sie befreundet mit Heinz Möller aus Bünde, der nach harten Entbehrungen und schweren Jahren die elterliche Stahlbau-Firma sanieren konnte. Er muss es sehr gut mit Mutter gemeint haben – wie aus ihren Erzählungen hervorging –, doch ihre Liebe zu ihm war nicht groß genug, um eine dauerhafte Verbindung mit ihm einzugehen. Wie unvergesslich er sie jedoch geliebt hat, geht aus einem Ereignis hervor, das nach über dreißig Jahren eintrat und von dem später noch die Rede sein wird. Mutter erzählte, wie durch eine Frage von ihm, das heißt genau, eine Frage seiner Mutter, die Verbundenheit mit ihm gänzlich zerbrach. »Meine Mutter lässt fragen, wie viel Teile Tafelsilber du mit in die Ehe bringst.« Mutter war nach dieser Frage regelrecht stolz darauf, dass ihre Eltern und sie nicht ein einziges Silberteil oder gar Besteck besaßen.

Die Liebe ist wie ein Wunder: geheimnisvoll, zerbrechlich und stark zugleich. Jede Belastung hält sie aus und ist trotzdem zart und verwundbar. Dass man Liebe in einem einzigen unglückseligen Augenblick töten kann, haben schon viele Menschen erfahren. Durch das Vorbild meiner Eltern bin ich in Liebe und Freiheit aufgewachsen. Es war eine Liebe, die an nichts Äußeres, sondern nur an die Liebe selbst gebunden war. Liebe darf man nicht an Ketten legen, sonst stirbt sie.

Weg ins Leben

Nach langen und reiflichen Überlegungen wagte Mutter den nächst größeren Schritt: Sie verließ ihre Eltern und zog nach Rheine in Westfalen, wo sie bei der Firma »Modehaus Ernsting Söhne« eine Position als Einkäuferin und Abteilungsleiterin annahm. Dieses Haus in der Innenstadt war mit seinen vier Stockwerken das größte und vielleicht auch das schönste modernerer Bauart. Direkt nebenan befand sich das »Café Richters«. Mutter erzählte, dass sie hier die köstlichsten Baisers ihres Lebens gegessen habe – oft statt eines Mittagessens. Sie wohnte in der Adolfstraße 20 im Haus von Frau Rose. Der Fußweg zum Modehaus dauerte ungefähr fünfzehn Minuten.

Auf diesem Weg sah Vater meine Mutter zum ersten Mal. Sie auf offener Straße anzusprechen, war unmöglich. Vater arbeitete in der elterlichen Baumwollspinnerei als Betriebsleiter, nachdem er in Reutlingen zum Textilingenieur ausgebildet wurde. Mutter ging zunächst ganz in ihrer neuen Arbeit auf und ihr stand nach der durchlittenen Enttäuschung durchaus nicht der Sinn danach, abends auszugehen, um eventuell eine neue Bekanntschaft zu machen.

Ein großer Trost ist es für mich zu wissen, dass es neben all der Ungerechtigkeit in der Welt weitaus mehr Gerechtigkeit gibt, denn sonst könnte die Welt keinen Tag länger existieren. Sie würde untergehen in der eigenen Schuld.

Es gibt doch mehr Menschen, als ich gedacht habe, die Frieden finden in der eigenen Wahrheit. Unter dieser Voraussetzung habe ich mir vorgenommen, keinen Menschen zu verurteilen und keine Sache für unmöglich zu halten. Denn es gibt keinen Menschen, der nicht seine Zukunft hat, und es gibt keine Sache, die nicht ihre Stunde bekommt.

Diese Stunde sollte kommen, in der sie Vater kennenlernte. Doch zunächst machte sie es ihm nicht einfach. Vater ging ihr heimlich nach und erfuhr somit, wo sie arbeitete und wohnte. An Wochenenden jedoch sah er sie niemals in Rheine. An einem Sonnabend folgte er ihr bis zum Bahnhof, kaufte sich – ohne von ihr gesehen zu werden – eine Bahnsteigkarte, um festzustellen, mit welchem Zug und in welche Richtung sie fuhr. Als der Zug sich bereits in Bewegung setzte, sprang Vater auf das Trittbrett und konnte in letzter Sekunde noch die Tür vom Waggon öffnen, um mitzufahren. Er hielt sich bewusst zurück, musterte aber bei jeder Station die Aussteigenden. Zwei Stunden dauerte die Fahrt, bis Mutter in Melle ausstieg – Vater natürlich auch. Er ging weit hinter ihr zusammen mit allen Ankommenden die lange Bahnhofsstraße hinunter, die dann in die Adolf-Hitler-Straße mündete. Im Haus Nr. 5 verschwand Mutter hinter einer großen dunklen Eichentür ...

Wie es Vater dann nach vielen vergeblichen Anläufen endlich doch gelungen ist, Mutter anzusprechen, mit ihr ins Gespräch zu kommen und sich mit ihr zu verabreden, daran kann ich mich nicht erinnern. Vater war ein Abenteurer!

Das Gespräch mit Dir hat mir sehr gut getan. Gern möchte ich noch einen Gedanken hinzufügen. Wie schön und erfüllend wäre es, wenn man Freunde hätte, die über eine fruchtbare Mischung von Kontaktfreudigkeit, Weitblick, Gelassenheit und schöpferischen Geist verfügen. Ich würde mich noch stärker darum bemühen, ein Mensch des Ausgleichs und der Verständigung zu sein, kleingeistiges Denken aufgeben und alles Gezänk verabschieden. Dein Vater, der vor unserer Ehe sichtlich um mich gekämpft hat, verstand es, Gegensätzlichkeiten, die mitunter zwangsläufig auftraten, niemals ins Unversöhnliche ausarten zu lassen. Er war eine Persönlichkeit mit natürlicher Autorität, geschätzt und geachtet von vielen Menschen.

Die Adolfstraße, in der Mutter wohnte, und die Riegelstraße, in der Vater, seine Geschwister und seine Eltern wohnten, waren nicht weit voneinander entfernt. Ein Bahnübergang – die Gleise führten von Rheine nach Emden – lag dazwischen und hier, am Gasthaus Beesten, direkt an den Schranken, trafen sie sich regelmäßig. Vaters kleiner BMW führte sie im Sommer an die Ems, zum Wehr bei Listrup oder in die Heide, im Winter oft zum »Gasthof Wältering« in Elte, wo es ein großes offenes Kaminfeuer gab. Am Ostermontag 1935 unternahmen sie eine Autotour nach Melle, dann über Münster, Dülmen und Haltern zurück nach Rheine. Da Mutter sich sehr für die Segelfliegerei interessierte, besuchten sie an diesem Tag auch das Segelflieger-Lager in Borkenberge. Ein anderes Mal fuhren sie zum Overather-Hof in Haltern und weiter zum Gruga-Park in Essen. Die »Tanzkapelle Rössig«

spielte »Guck doch nicht immer nach dem Tangogeiger hin.« Weil Mutter dieser Tango so gut gefiel, bat Vater die Kapelle, ihn noch einmal für Mutter zu spielen. Natürlich durfte auch ein Besuch des Flughafens »Essen-Mülheim« nicht fehlen. Von hier aus flogen Maschinen nach Amsterdam, Prag, Wien und Budapest. Um ein wenig Mutters aufkommende Sehnsucht nach der Ferne zu stillen, arrangierte Vater für sie einen Rundflug mit einer Fokker-Maschine. Am 30. Mai 1935 bestieg sie voll Erwartung zum ersten Mal ein Flugzeug.

Bei jeder neuen Begegnung hatte sich Vater eine kleine neue Besonderheit für Mutter ausgedacht. Sie besuchten Sehenswürdigkeiten des Münsterlandes, kehrten in der Boniburg ein, bestiegen bei Tecklenburg die Felsformation, das »Hockende Weib« genannt, und ließen sich im Botanischen Garten seltsame Pflanzen und ihre Eigenheiten zeigen. Sie unternahmen manche Kahnpartie auf der Ems – allerdings, und das ist selbstverständlich, wenn man Vater kennt – hatte das Boot einen Außenbordmotor.

Unsere gemeinsamen Stunden waren eine große Bereicherung für mich. Ich habe es als unverdientes Glück angesehen, Deinen Vater kennen und lieben gelernt zu haben. Wir lebten eine wunderbare Gemeinsamkeit: Unser Fühlen, Denken und Tun stimmten überein. Unser harmonisches Zusammensein war von zärtlicher Liebe geprägt. Es schenkte mir immer wieder neu Kräfte, um den Alltag zu bestehen und meine Aufgaben zu meistern. Ich wurde getragen von der Kraft des Herzens, die Liebe ist. Wie glücklich war ich, an der Innerlichkeit eines geliebten Menschen teilhaben zu dürfen.

Entscheidung für eine »neue Welt«?

Vater und Mutter verlobten sich heimlich, doch Mutter musste es vor Freude ihren Eltern mitteilen. Als sie erfuhren, dass schon bald eine Hochzeit in Aussicht stand, rieten sie, nichts zu übereilen. Gemeinsam mit Mutters älterer Schwester, die in Amerika mit einem deutschen Auswanderer verheiratet war, entwarfen sie einen Plan, der allerdings wegen des langen Postweges erst nach Wochen spruchreif war. Mutter wurde von ihrer Schwester und ihrem Schwager eingeladen, ein halbes Jahr nach Amerika zu kommen. Die Familie wollte sie keineswegs von Vater trennen, sondern ihr vor der Ehe Erfahrungen vermitteln, die ihren Horizont weiten sollten. Mutter willigte ein und ergriff diese Chance. Schweren Herzens brachte sie Vater am 31. August 1935 nach Bremerhaven zum Lloyd-Dampfer »Columbus«, der am 8. September in New York erwartet wurde. Während der Überfahrt entstand das folgende Bild von Mutter.

Eine neue Welt tat sich für Mutter auf. Während der achttägigen Überfahrt lernte sie den Boxer Max Schmeling kennen, der von 1930 bis 1932 erster Deutscher Weltmeister im Schwergewicht war und sich jetzt auf seinen Kampf mit dem ungeschlagenen amerikanischen Meister im Schwergewicht, Joe Louis, vorbereitete. Durch immer neue Plätze im Speisesaal begegnete sie vielen Menschen und erfuhr von deren Schicksal. Es muss eine »aufregende« Überfahrt für Mutter gewesen sein. Ihre Schwester

*1935: Mutter auf dem Lloyd-Dampfer »Columbus« während der
Überfahrt von Bremerhaven nach New York*

und ihr Schwager, die keine Kinder hatten, lebten in York, im Staat Pennsylvanien. Beide waren bestrebt, Mutter so viel von Amerika zu zeigen wie eben möglich. Bei einem Besuch in Philadelphia lernte Mutter einen jungen Journalisten kennen. Er fragte sie, ob er ein Interview mit ihr machen dürfe. Ohne ihren Verwandten etwas davon zu sagen, verabredete sie sich mit ihm in einem Pressestudio in York. Einige Tage später erschien in der überregionalen Zeitung und einige Wochen später in einem bekannten Magazin dieser Artikel und zum großen Entsetzen ihrer Schwester und ihres Schwagers auch ein Bild von Mutter.

>>*In diesem Land sind die Menschen unabhängiger und freier*« – *sagt Marie Charlotte Giese, eine Besucherin von Übersee*

Die junge Dame ist von Amerika sehr beeindruckt, doch gibt sie offen zu, dass manche amerikanischen Sitten und Gebräuche sie schockieren. »*Ich habe zum Beispiel mehrmals erlebt, dass bei gesellschaftlichen Einladungen von vielen Gästen Whisky mitgebracht wird.*« *Dies sei ungewöhnlich und äußerst befremdend, sagt Miss Giese. Sie ist 25 Jahre alt.* »*Whisky mit sich herumzuschleppen, ihn zu Einladungen mitzubringen und ihn dann in solchen Mengen zu trinken, wäre in Deutschland unerhört. Wein ist das Getränk bei uns, das auf Gesellschaften gereicht wird. Wenn die Einladenden über genügend Geld verfügen, reichen sie den Gästen am Anfang ein Glas ›Sekt‹ oder Champagner.*«

Miss Giese stammt aus der Nähe von Hannover und besucht für sechs Monate ihre Verwandten in York. Wäh-

rend ihres Aufenthaltes hier hat sie schon ein wenig Amerikanisch gelernt. Doch während unserer etwas herausfordernden Konversation fällt sie, besonders wenn sie schnell und engagiert spricht, schnell wieder in ihre deutsche Sprache zurück. Sie bemerkt es, lächelt ein wenig und sagt, dass ihr dieses öfter passiere und sie ihre amerikanischen Freunde, die kein Wort Deutsch verstehen, damit in Verlegenheit bringe.

Sie gibt zu, dass sie sehr gern tanzt und noch gestern Abend und Nacht viele schöne Eindrücke beim Tanzen gesammelt habe. Doch habe ihr nicht gefallen, so sagt sie, dass überall Zigarettenstummel, Handtaschen und Whisky-Flaschen herumgelegen und gestanden hätten. »Da habe ich doch sehr die guten Manieren vermisst.« Auch hat mir nicht gefallen, dass einige junge Damen angeheitert waren und es so zu ein oder zwei Streitereien kam. So etwas darf in guter Gesellschaft einfach nicht passieren.« Indem Miss Giese ihre Augen weit öffnet, fährt sie fort: »Ich schwöre Ihnen: Es ist in Deutschland für ein Mädchen oder eine Frau unmöglich, dass sie sich betrinkt. Solch ein Treiben bedarf der Zurechtweisung.«

»Ich finde es nicht nur unschön, sondern auch unverantwortlich«, sagt Miss Giese sehr engagiert, »dass amerikanische Mädchen und Frauen starke Zigaretten rauchen. Es überrascht mich auch, wie übertrieben und stark sich die amerikanische Frau schminkt. Rouge und Lippenstift können dann auch abstoßend wirken – besonders, wenn ich dies auf Titelbildern von Magazinen sehe.«

Miss Giese nimmt sich ein wenig zurück und schweigt. Dann sagt sie, ein wenig verlegen, aber lächelnd: »Ja, ich muss ehrlich gestehen, dass ich mit dem Laster des Zigarettenrauchens begann, seit ich Deutschland verließ. Auf dem Schiff und in Gesellschaft habe ich meine erste Zigarette geraucht – und sie hat mir geschmeckt! In Deutschland«, so fährt sie fort, »zeigt man mit dem Finger auf Frauen, die in der Öffentlichkeit rauchen; und folglich sieht man es nur ganz selten.«

»Ich erlebe hier in Amerika so vieles, was völlig verschieden ist von dem, was ich aus Deutschland kenne. Jeder Amerikaner scheint ein Auto zu haben. In Deutschland können sich nur die Wohlhabenden ein Auto leisten und diejenigen, die es voll beruflich nutzen. Ihre Straßen sind breiter und großzügiger angelegt und es gibt bessere Verkehrsschilder, die Kurven und Kreuzungen anzeigen. Ganz allgemein gesagt: Die wirtschaftlichen Voraussetzungen sind wesentlich besser.«

Doch dann macht Miss Giese eine Einschränkung. »Der Amerikaner scheint mir jedoch wesentlich nervöser und reizbarer zu sein als die Menschen bei uns.« Im weiteren Gespräch führt sie dies auf das »Maschinelle Zeitalter« zurück. Wir sprechen noch einmal über Autos und dann sagt sie begeistert, dass sie sehr gern hier in Amerika ihren Führerschein machen wolle, doch ihre Sprachkenntnisse ließen es momentan noch nicht zu.

»Ihre amerikanischen Autos sind entschieden größer und sehen teurer aus als unsere Autos«, fügt sie hinzu. »Ich stelle fest, dass die Wohnungen hier wesentlich komfortabler eingerichtet sind als bei uns, obwohl es an Gemütlichkeit bei uns nicht fehlt. Aber etwas viel Wesentlicheres möchte ich noch erwähnen: Sowohl bei Ihnen hier in Amerika als auch bei uns in Deutschland gibt es sehr viele Mädchen und Frauen, die einer Arbeit nachgehen. Das halte ich schon für sehr wichtig, nicht nur des Verdienstes, sondern auch der Selbstständigkeit und des

Selbstbewusstseins wegen. Viele junge Menschen gehören der ›Hitler-Jugend‹ an. Diese Organisation sorgt endlich für Arbeit, sonst stünden viele von ihnen auf der
Straße und würden verwahrlosen. Auch ganz junge Leute
schon leitet die ›Hitler-Jugend‹ an: Sie treffen sich in Pri-
vatwohnungen und sprechen zum Beispiel über Literatur,
lernen Etikette und Benimm; es werden Verbindungen zu
älteren Menschen hergestellt, die Hilfe brauchen oder denen die jungen Leute einfach nur aus der Zeitung oder
aus Büchern vorlesen.«

»Eine Sitte«, sagt Miss Giese, »die ich hier in Amerika
nicht angetroffen habe, besteht bei uns im nachmittägli-
chen Kaffeetrinken – besonders an Sonntagen. Man lädt
Verwandte oder Freunde zu sich nach Hause ein. Für junge Leute gibt es bei uns sehr schöne und gemütliche Ca-
fés, in denen sie bei nicht zu lauter Musik über dieses
oder jenes sprechen oder auch tanzen können.«

»Man vermisst hierzulande den Nachmittagskaffee
mit Konzert«, sagt sie lachend. »Ich habe bisher nur wenig Amerikaner getroffen, die Deutsch oder auch nur ge-
brochen Deutsch sprechen. Was ich noch als besonderes
Merkmal der Deutschen sagen möchte: Sehr viele Menschen unternehmen an Sonn- und Feiertagen Wanderun-
gen und Spaziergänge in landschaftlich schöne Gebiete,
besuchen Orte mit Geschichte und allgemein interessan-
te Ziele. Auch das Radfahren ist bei uns sehr beliebt. Mir
macht es große Freude, ich besitze ein neues, noch glän-
zend poliertes Fahrrad.« Dann fügt sie ein wenig lächelnd
hinzu: »Hier in Amerika sehe ich allerdings die Menschen
nur immer im Auto fahren!«

Am Ende unseres Gespräches sagt Miss Giese, dass sie
»gehört« habe, Geld in Amerika zu besitzen, zähle höher

als alles andere, und dass dies in Deutschland nicht so sei. »Ist es wahr, dass die Amerikaner nur an Dollars interessiert sind?«, fragt sie. Doch dann versichert sie, dass so ein Gerücht nicht verallgemeinert werden dürfe, und schließt einen Kompromiss, indem sie sagt: »Vielleicht ist es, wenn es ums Geld geht, überall dasselbe.«

Mutters Schwester und ihr Mann stellten Mutter zur Rede – wohl aus Verantwortung, wie sie glaubten, den Eltern gegenüber. Sie sagten, sich in der Öffentlichkeit mit solchen Worten preiszugeben, sei äußerst geschmacklos und billig. Mutter nahm es zur Kenntnis und scherte sich nicht groß um diese Kritik. Inzwischen hatte ein Filmproduzent das Bild in dem betreffenden Magazin gesehen. Er machte Mutter ausfindig, um sie persönlich kennenzulernen. In einem Gespräch, das Mutter wieder vor ihren Verwandten verheimlichte, unterbreitete er ihr ein Angebot. Er lud sie zu Probeaufnahmen ins Studio ein und schlug ihr vor, als ersten Schritt Werbefotos für eine neue Zahncreme zu machen. Mutter fand es spannend und aufregend, nicht nur gefragt zu sein, sondern in Amerika ihr eigenes Geld zu verdienen.

Vater schickte ihr täglich einen Brief aus Deutschland, doch sie schrieb längst nicht so oft zurück, denn sie war mit all dem Neuen und Geheimen, das auf sie zukam, voll und ganz beschäftigt. Weder berichtete sie ihm etwas von dem Zeitungsinterview noch von den bevorstehenden Aufnahmen, denn so ganz wohl war ihr doch nicht zumute. Durch irgendein kleines Versehen wurde ihr Schwager Alwin hellhörig und stellte Mutter zur Rede, die dann ehrlich ihr Vorhaben zugab. Sofort sagte er in barschem Ton alle Verabredungen ab und schimpfte mit Mutter, ob sie denn gar nicht wisse, auf welch unteres Niveau sie sich da begeben hätte. Ein wenig traurig und betrogen um ein spannendes Abenteuer zog sich Mutter zurück.

Ihr natürliches Aussehen, ihre Bewegungen und ihre einfache Art, sich zu kleiden, müssen aufgefallen und bei Leuten aus der Werbe- und Filmbranche Eindruck gemacht haben. Zu verdanken hatte sie es dem Bild, welches der Journalist von ihr gemacht und in verschiedenen Zeitschriften abgedruckt hatte.

Wenn Mutter in Amerika Fuß gefasst hätte, wäre ihr Leben völlig anders verlaufen. Ihre starke Liebe zu Vater und Vaters Liebe zu ihr verkürzten ihren USA-Aufenthalt um zwei Monate. Am 15. Dezember 1935 bestieg sie in New York den Lloyd-Dampfer »Europa« und war am 21. Dezember in Bremerhaven, wo Vater sie sehnsüchtig erwartete. Drei Monate später, an Mutters Geburtstag am 31. März 1936, heirateten sie standesamtlich in Rheine. Dechant Fabry von der St. Dionysiuskirche begleitete Mutter, denn sie hatte sich entschlossen, zur katholischen Kirche überzutreten. Die kirchliche Trauung meiner Eltern fand am 23. April 1936 in der Domkirche zu Osnabrück durch Dompfarrer Gartmann statt.

Da ich nicht mehr so von Wunschvorstellungen und Erwartungen besetzt bin, schenkt sich mir ein wesentlich klarerer Blick. Ich führe das eindeutig auf mein intensiveres Glaubensleben zurück, auf das Gebet, das ich täglich regelmäßig übe. Mir gelingt es schon ein wenig besser, den Menschen so zu sehen, wie er ist, und darüber hinaus, wie er sein sollte. Mir fällt besonders auf, wie viele Menschen eine Rolle spielen oder gar spielen müssen. Wer ein ganzes Jahr gezwungen ist, eine Rolle zu spielen, bringt es schwer fertig, umzuschalten und aus seiner Rolle mit einem Mal herauszutreten. Ein bekannter Arzt schrieb das Buch »Der Mensch und die Maske« und stellte darin fest, dass manche Menschen sich schon so mit der Rolle identifiziert haben, die sie meinen, im Leben spielen zu müssen, dass es kaum noch gelingt, zwischen der Rolle und dem wirklichen Menschen zu unterscheiden.

Sicherlich, diese Rolle kann ein Schutz sein und uns vor manchen peinlichen Situationen bewahren. Um lebenswahrhaftig und ehrlich zu sein, sollten wir es fertig bringen, die Masken fallen zu lassen und uns so begegnen, wie wir sind. Ganz einfach wird dieser Schritt nicht sein – und das weiß ich aus meiner eigenen Erfahrung nur allzu gut –, weil wir es oft selbst sind, die den anderen dazu zwingen, uns so rollenhaft und maskenhaft zu begegnen. Wie können andere uns lieben, wenn wir sie dazu zwingen, etwas anderes zu sein, als sie in Wirklichkeit sind. Wir sollten uns daraufhin einmal selbst prüfen. Dazu ist es notwendig, sich selbst anzunehmen. Und gerade das ist etwas, was man nicht gern tut, weil dann nicht nur die eigene Glanz- und Sonnenseite zum Vorschein kommt, sondern auch unsere Schattenseiten und Schwächen.

Ich dachte, die Selbstannahme komme mit zunehmendem Alter von allein. Doch dem ist nicht so. Zwar kann ich heute über viele meiner früheren Ziele lächeln oder gar den Kopf schütteln, doch ist damit noch keinerlei Selbstannahme verbunden. In gewisser Hinsicht wird es mit dem Alter sogar schwieriger. Mein neuer religiöser

Herbst 1935: Mutter in Amerika

Weg bedeutet für mich einen Aufbruch: einmal zu mir selbst und zum anderen – und das ist noch weitaus entscheidender – zu Gott. Die Religion wird durch eigene Erfahrungen verinnerlicht und immer mehr zum heimatlichen Mittelpunkt meines Lebens.

Ich spüre, wie ich von Tag zu Tag freier und unbelasteter werde und anderen Menschen weitaus mehr Vertrauen und Liebe entgegenbringe als in früheren Zeiten, in denen ich oberflächlicher lebte. Sicherlich ist es die göttliche Botschaft und Gnade, die mich befähigen, mich auch mit meinen Schattenseiten anzunehmen, und mir Mut machen, andere Menschen so anzunehmen, wie sie sind, und ihnen trotz mancher Fehler und Unstimmigkeiten zu vertrauen.

Leihgabe Gottes

Am 19. August 1937, an einem Donnerstag, wurde ich zu Hause, das heißt, in der Mietwohnung meiner Eltern in der Thiebergstraße in Rheine geboren. Zwei Jahre später begann der Zweite Weltkrieg. Schon sehr früh wurde Vater eingezogen.

Obwohl mir in meinen drei ersten Lebensjahren beide Eltern zur Seite standen, kann ich mich an Vaters Gegenwart nicht erinnern. Er trat mit einem Schock in mein Leben. Ich muss damals drei oder knapp vier Jahre alt gewesen sein. Ich lebte mit Mutter allein, die oft sehr traurig war und viel von meinem Vater sprach. Von dem, was sie sagte, hatte ich keine Vorstellung; es war nicht greifbar und fühlbar für mich. Schön und wohltuend jedoch war es, jede Nacht neben ihr in Vaters Bett schlafen zu dürfen. Eines Abends – für mich war es schon tiefe Nacht – weckte Mutter mich ganz erschrocken. Sie machte Licht und horchte. Dann klopfte es an die Schlafzimmertür, die sich gleich darauf öffnete. Ich bekam einen riesengroßen Schreck: In der Tür stand ein ganz großer Mann in Militäruniform. Er sagte nichts und schaute uns an. Es muss eine Ewigkeit gedauert haben – so kam es mir vor –, weil niemand sich bewegte oder ein Wort sagte, bis Mutter ausrief: »Rolf«.

Von diesem Augenblick an hatte ich einen leibhaftigen Vater, der auch bei mir blieb, innerlich, als er nach seinem überraschenden Fronturlaub nach einigen Tagen in den Krieg zurückmusste.

Sooft er konnte, schrieb er von der Front einen Brief an Mutter. Ich war zu jung, um daran teilhaben zu können. Als ich erwachsen war und durch einen Berufswechsel in eine Lebenskrise geriet, fügte Mutter einem Schreiben an mich die Kopie eines Briefes bei, den Vater ihr aus Russland geschrieben hatte. Sie wollte mir damit zeigen, dass auch mein Vater bedrohende Lebenssituationen durchmachen musste.

Im Osten
Im Soldatenheim Bobrujsk,
14.10.1943

Liebste Lotty!
Gestern sind wir nun hier nach wochenlanger Fahrt auf Sandwegen und Rollbahnen angekommen. Hunderte von Kilometern haben wir hinter uns. Hier soll alles gesammelt werden und dann soll es noch weiter zurückgehen. Viele Kameraden glauben fest an Urlaub, andere wieder nicht. Jedenfalls werden wir jetzt wohl mal ein paar Tage Ruhe haben. Gott Dank, da kann man sich mal wieder gründlich säubern und die Klamotten in Ordnung bringen. Hab hier heute Morgen auch schon Kameraden von der Front wiedergetroffen. Ganz furchtbare Sachen haben sie erlebt. Einige haben in Panzerdeckungslöchern gelegen und die Panzer sind darüber hinweggefahren. Andere haben sich buchstäblich auf der Erde fünf Meter vom Panzer weggerollt und sind so heil davongekommen. Nun brauchst Du aber vorläufig meinetwegen keine Sorge zu haben, denn jetzt wird erst einmal gesammelt und das dauert noch eine ganze Weile. Ach, wenn es doch

Vater, 35 Jahre alt, kurz vor seinem Einsatz an der Front in Russland

nur Urlaub gäbe! Habe gerade hier im Soldatenheim sechs dicke Scheiben Brot mit Kunsthonig gegessen – war total ausgehungert. Gleich wollen wir zum Varieté, es fängt um zehn Uhr (morgens) an!

Das Programm war ganz gut; so der Anblick einer halbnackten Tänzerin erfreut das Herz eines jeden Landsers, man merkte es am Applaus. Mich konnte es nicht reizen, der Sinn steht mir nicht danach! Wir wollten dann noch zum Entlausen, aber das war nicht möglich, der Kessel war defekt. Wir liegen hier vorläufig in Pange-Häusern, sieben Kilometer von Bobrujsk an der Beresina. Wir kommen in den nächsten Tagen in Kasernen. –

Mit sieben Mann bewohnen wir ein Pange-Haus; die Pferde stehen im Stall. Gott Dank, dass die Fahrerei ein Ende hat. Alles zusammengerechnet sind wir ca. tausend Kilometer in den letzten drei Wochen gefahren. Jetzt die Ruhe, mal wieder an einem festen Ort Quartier zu haben, ist wunderbar! Endlich hat auch damit das »Übernachten« in Scheunen aufgehört; es war oft bitter kalt. Jetzt haben wir auch wieder unsere Feldküche bei uns, sodass wir wieder jeden Tag warmes Essen und heißen Kaffee bekommen. Oft waren wir drei Tage und mehr ohne Verpflegung. Ich habe bitter erfahren, was Hunger bedeutet. Trockene Pellkartoffeln mit trockenem Komiss- oder Knäckebrot haben mir wie Kuchen geschmeckt.

Nicht ein Brief hat mich seit sechs Wochen erreicht. Du kannst jetzt Briefe und Pakete schicken: alte FPNo 35402 c! Hast Du noch Socken und Handschuhe? Ach, Lotty, manchmal ist das Leben so entsetzlich schwer! Kein Lebenszeichen von Dir und den Kindern seit Wochen. Und gerade die Post hielt mich noch hoch. Ich kann mir einfach nicht vorstellen, dass ich später noch einmal das Leben eines Zivilisten leben soll. Das ist für mich schon so etwas Unvorstellbares, dass ich Euch Lieben überhaupt noch einmal wiedersehen darf. Ich darf den Gedanken daran gar nicht aufkommen lassen. Oft, als ich auf dem Pange-Wagen saß, stundenlang auf den Rücken der Pferde schauen musste, habe ich geträumt von Zuhaus, von den gemütlichen Stunden abends unter der Stehlampe.

Ach, Lotty, sollte ich doch noch einmal Urlaub bekommen, dann sage ich in den ersten Stunden kein einziges Wort, dann lege ich mich aufs Sofa, meinen Kopf auf Deinen Schoß (wie früher) und dann weine ich erst eine ganze Zeit lang! –

Ich darf oft gar nicht an Eure Namen denken, Lotty, Peterlein, Inge –, es sind Zauberworte, die alles bedeuten und dann doch wieder in ein Nichts zerrinnen. Ich habe weder geahnt noch gewusst, dass es so schwer sein würde! Jetzt, wo ich nach diesen nervenaufreibenden und lebensbedrohenden Erlebnissen wieder zur Besinnung komme, kreisen meine Gedanken nur um eines: Wann, ja, wann hat das alles ein Ende? –

Lotty, schreib mir jetzt oft. Lotty, zeig diesen Brief niemandem! Es gibt ja Menschen, die dies Geschriebene nicht verstehen oder die sagen: »Wie kann man nur so etwas schreiben, das macht ja die Frau seelisch fertig.« Aber Lotty, Du verstehst mich, Du bist der einzige Mensch auf der ganzen Welt, der mich versteht. Du hattest immer für alles Verständnis und hast mir geraten, was ich tun sollte – es war immer recht. Ich habe hier so himmelschreiende Ungerechtigkeiten gesehen und erlebt und all das andere: Strapazen, Kälte, Nässe, Müdigkeit, Hunger und Durst, dazu seelische Schmerzen … Was *kann der Mensch oder vielmehr muss der Mensch doch aushalten!*

Lotty, auch Du wirst manche Träne, wenn Du nachts wach lagst und auch wochenlang nichts von mir hörtest, vergossen haben – ich hab es gefühlt. Aber, Lotty, glaub mir, sooft ich Gelegenheit hatte und Umschläge und Papier, habe ich geschrieben und tue es auch weiterhin. Ach, hätte ich doch erst einmal einen Brief von Dir, damit ich weiß, dass es Euch gut geht. Gestern hörte ich, Münster wäre wieder so stark bombardiert, stimmt das?

Oh, wie gern möchte ich einmal wieder im gemütlichen Sessel sitzen, Dein leckeres Essen essen und erzählen, erzählen … mit Peter und Ingelein spielen, auf dem Boden liegen und mit den Kindern balgen. »Peter«, der Name besitzt für mich Zauberklang! Peter, mein kleiner Junge, ob er den Vater wohl wiedererkennt? Ach, so ein sorgloses Kinderherz, noch weiß es nichts von der bösen und grausamen Welt, von Lug und Trug, vom Krieg! Pass nur auf, Lotty, dass er ordentlich lernt, was er nur eben kann. Später im rauen Leben wird er dann seinen Mann stehen. Rosige Zeiten liegen allerdings nicht vor uns.

So, es ist gleich zwölf Uhr, da gibt es Mittagessen – seit vielen Wochen das erste warme Essen aus unserer Feldküche. Hoffentlich ist ordentlich Fleisch drin und nicht nur »Katoschka und Kabusta«!

Viele tausend herzliche Grüße und Küsse für Dich, Peterlein und Inge von Deinem stets an Dich denkenden und liebenden

Rolf.

(Dieser Brief wird von einem Urlauber mitgenommen.)

Mutter arbeitete während des Krieges beim Roten Kreuz. Sie war täglich im Matthias-Spital, das übervoll mit verletzten Soldaten belegt war. Ihre Hauptaufgabe bestand darin, soweit es möglich war, Wünsche der Soldaten zu erfüllen und vor allem, sie seelisch zu betreuen. Oft kam sie traurig nach Hause. Vor Freude, dass Mutter zurück war, konnte ich ihre Traurigkeit überhaupt nicht verstehen. Als Rheine, wohl bedingt durch den Eisenbahnknotenpunkt, mehr und mehr Luftangriffen ausgesetzt war, brachte Mutter mich nach Melle zu meinen Großeltern und sie selbst fuhr mit meiner kleinen Schwester Inge, die am 9. Juli 1942 geboren wurde, nach Bernburg an der Saale, wo Vater eine kurze Zeit stationiert war, bevor er wieder zum Einsatz an die Front geschickt wurde. In Bernburg setzte Mutter ihre Arbeit beim Roten Kreuz fort bis kurz vor Ende des Krieges. Als auch hier die Lage immer brenzliger wurde und sie hörte, dass der Russe einmarschieren würde, versuchte Mutter in den Westen zurückzukehren.

Erst viel später sind mir die Zusammenhänge meines Tuns klar geworden, die ich eigentlich schon längst hätte erkannt haben müssen. Ich schreibe mein Verhalten auf, um andere, die dieses vielleicht einmal lesen werden, davor zu warnen, Gleiches zu tun. Es fällt mir nicht leicht, darüber zu reden, da ich damit Dinge offenbare, die nicht korrekt und ehrlich sind. Um aus Bernburg an der Saale, wo ich stationiert war, nach Hause zu kommen – die Russen waren auf dem Vormarsch und wir hatten schreckliche Angst vor ihnen –, bediente ich mich einer Unwahrheit. Die wenigen Züge, die nach Westen fuhren, waren nicht nur maßlos überfüllt, sondern auch höheren Angehörigen des Militärs und vornehmlich Kranken vorbehalten. Als Rot-Kreuz-Schwester hatte ich guten Kontakt zu den Ärzten. Sie testierten mir, dass ich schwer lungenkrank sei und mit meiner kleinen Tochter unbedingt Bernburg Richtung Westen verlassen müsse. Nach einigen Tagen fand ich einen Transport, der uns mitnahm. Zu Hause in Melle angekommen, überfiel mich eine derart starke Lungenentzündung, die mich an den Rand des Todes brachte.

Die Unwahrheit, vielleicht auch sogar auf Kosten anderer, wurde für mich zur schmerzhaften Wahrheit. Das Vortäuschen falscher Tatsachen, ja, die Lüge, die mir momentan Erleichterung brachte, holte mich sehr schnell ein, sowohl äußerlich als auch innerlich, und forderte Klärung von mir. Ich benötigte viele Wochen, um mich von dieser schweren Krankheit zu erholen. Fest habe ich mir vorgenommen, so etwas in meinem Leben nicht mehr anzustellen.

Welch große Kraft haben doch die Gedanken! Wir dürfen niemals einem anderen Schlechtes wünschen oder gar negativ von ihm denken, denn es besteht die Möglichkeit, dass sich das Schlechte in ihm manifestiert. Das Wunderbare jedoch ist: Wenn ich meine Gedanken und Wünsche zum Guten einsetze – zum Beispiel wenn ich für jemanden bete –, darf ich einer unterstützenden und heilenden Wirkung sicher sein. Nein, es ist keinesfalls gerechtfertigt, eines kurzen Vorteils wegen die Wahrheit zu verschleiern oder gar zu lügen.

Gott sei Dank kam auch Vater, allerdings erst im Sommer 1945, nach kurzer russischer Gefangenschaft nach Hause und mit ihm begann nicht nur für Mutter, sondern auch für meine Schwester Inge und für mich das Leben neu. Ich erinnere mich an wunderbare Weihnachtsfeste, die nach all den bitteren Erfahrungen des Krieges sowohl tiefen Frieden als auch schöne Überraschungen brachten. Mutter und Vater verstanden es, bereits im Advent eine Vorfreude zu vermitteln, die von ihrer Liebe und Güte begleitet und erfüllt wurde.

In diesen dunklen Tagen vor dem schönsten aller Feste auf dieser von den Folgen des Krieges noch sehr zerstörten Welt dringen meine Gedanken und Gefühle tiefer in die Seele als sonst. Ich wünsche uns, dass wir die zwischenmenschlichen Schwingungen und die leisen Töne, die aus der Stille zu uns herüberklingen möchten, besser und erfüllter wahrnehmen können. Lasst uns in der Weihnachtszeit die zarte Botschaft vom Kommen des Herrn neu hören und diese Melodie mitnehmen in das kommende Jahr.

Möge es uns gelingen, das bevorstehende Weihnachtsfest wieder zu dem zu machen, was es unseren Eltern und Großeltern bedeutet hat: zum Fest des heiligen Glaubens an die höhere Welt über allem Vergänglichen, zum Fest der reinen selbstlosen Liebe, die alle Gegensätze überbrückt und das Antlitz aller verklärt, die bereit sind, sich mit ihrem Herzen der Weihnachtsbotschaft vorbehaltlos zu erschließen.

»... *denn sie haben ihre eigenen Gedanken*«

Bei aller Liebe zu ihren Kindern hatten meine Eltern mich bereits in jungen Jahren, wenn nicht gar schon vor meiner Geburt, verplant. Vater arbeitete als Betriebsleiter in der Baumwollspinnerei meines Großvaters, der zusammen mit Vaters ältestem Bruder die Firma leitete. Als gleich nach dem Krieg die ersten Maschinen wieder liefen, nahm mich Vater voll Stolz mit zu seiner Arbeitsstätte und sagte: »Später wirst du hier an meiner Stelle sein und alles in der Hand haben.« Ich muss damals sieben Jahre alt gewesen sein. Ich weiß es noch wie heute: Innerlich drängte sich mir ein so starkes Nein auf, was ich fast lauthals vor Vater ausgerufen hätte. Doch wollte ich ihn nicht enttäuschen. Darum schwieg ich. 1947 gründete Vater – die Spinnerei im Rücken – eine Baumwollweberei, die rasch expandierte und bald schon in einen großen Neubau übersiedelte.

Vater war durch und durch selbstständiger Unternehmer und trotz seines großen Engagements investierte er viel Zeit, Energie und Liebe in mich. Obwohl ich noch das Gymnasium besuchte, nahm Vater mich mit zu den Textilmessen in Frankfurt und ließ mich an Vertretertagungen teilnehmen. Mit zunehmendem Alter hegte ich mehr und mehr den Wunsch, Priester zu werden – ein Eintreten in das Unternehmen war für mich undenkbar.

Es geht uns letztlich nicht um materiellen Besitz – das ist mir vollkommen klar. Besteht jedoch ein Familienunternehmen schon über einhundert Jahre, so darf ich doch von meinem Sohn annehmen, dass er es eines Tages, wenn sich sein Vater zurückzieht, allein weiterführen wird. Auch für seinen Vater gab es keine andere Wahl, als in die Fußstapfen seines Vaters zu treten. Und Großvater folgte wiederum seinem Vater.

Wenn ich an die Gebote denke, so hat doch das vierte Gebot eine Aussage, die verpflichtet. Sein Vater und ich führten mit Peter viele Gespräche, in denen wir versuchten, ihm sowohl die Konsequenz dieses Gebotes als die Vorteile eines selbstständigen Unternehmers vor Augen zu führen. Er kann uns verstehen und stimmt uns auch zu, aber ich habe immer den Eindruck, dass er mit seinem Herzen ganz woanders ist. Was mag nur in dem Jungen vorgehen? Ich spüre förmlich, dass er uns nicht wehtun möchte, auf der anderen Seite jedoch muss sich in ihm etwas entwickeln, das wohl ganz und gar nicht unseren Vorstellungen entspricht. Es muss doch einen Weg geben, dem zuvorzukommen und einen Jungen in die richtige Richtung zu führen und anzuleiten.

Vater war bemüht, einen lebensstarken und tüchtigen jungen Mann aus mir zu machen. Ob es das Segeln, eine Probefahrt auf dem Nürburgring oder das Reiten war: Vater war stolz auf mich, wenn ich mich als handfest erwies und keine Angst zeigte. Nach anfänglichem Reitunterricht bekam ich die Erlaubnis, allein ausreiten zu dürfen. Einem so großen und starken Tier meinen Willen aufdrängen zu müssen, hat mir weder gefallen noch gelang es mir. Eines Tages stürzte ich so unglücklich, dass ich wegen einer angebrochenen Wirbelsäule operiert werden musste. Wochen in Vollgips liegen zu müssen, dann Rollstuhl und Krücken waren die Folge, abgesehen von den Schmerzen, die mich fast zwei Jahre begleiteten. Mutter hatte inzwischen ihren deutschen Führerschein gemacht und brachte mich täglich zur Schule und holte mich wieder ab. So konnte ich – allerdings nicht mit guten Noten – nach neun Jahren Gymnasialzeit im Frühjahr 1958 mein Abitur machen. Der Bruch war einigermaßen ausgeheilt, sodass ich für das Leben wieder einsatzfähig war.

Für Vater und Mutter war mein Wunsch, Priester zu werden, unerträglich. Sie sprachen mit einem Verwandten, Bischof Dr. Michael Keller, über den Priesternachwuchs und über das vierte Gebot. Vater erreichte, dass ich seinem Wunsch entsprach, in Hamburg bei der Commerzbank ein Praktikum zu absolvieren. Es schloss sich ein Schlossereipraktikum an. Während des von meinen Eltern gewünschten Studiums der Betriebswirtschaft belegte ich heimlich theologische Fächer und vernachlässigte das »Hauptfach«. Samstags kam ich erst spät nach Hause, da ich vormittags mit heller Begeisterung die Vorlesungen von Josef Pieper hörte.

Aus dieser Zeit, in der Mutter zu allem viel schwieg, gibt es keine Eintragungen in ihrem Blauen Buch.

Mit 21 Jahren meldete ich mich, ohne meine Eltern zu fragen, bei der Philosophisch–Theologischen Hochschule der Jesuiten, St. Georgen, in Frankfurt an. Dann sprach ich bei Tisch offen über mein Vorhaben und den Tag meiner Abreise, doch Vater und Mutter schwiegen. Trotzdem fuhr Mutter mich zum Bahnhof. Doch als ich im Begriff war, in den Zug einzusteigen, versuchte sie mir den Koffer zu entreißen. Dann drehte sie sich um und ging schweigend fort.

Auch von dem folgenden Geschehen findet sich keine Eintragung von Mutter.

Träume zerbrechen

Doch wie Ikarus verbrannte ich mir die Flügel, weil ich zu hoch zur Sonne aufgestiegen war oder vielleicht mein Schicksal, ein neues Leben anfangen zu dürfen, unbewusst zu stark herausforderte. Einer kleinen Gehirnerschütterung, die ich mir beim Fußballspiel zuzog, schenkte ich zunächst keine Beachtung. Trotz immer stärker werdender Kopfschmerzen zwang ich mich, die Vorlesungen und Seminare zu besuchen und an der Tagesordnung wie bisher teilzunehmen. Ich konnte keinen Schlaf mehr finden, die Schmerzen wurden stärker, das Gesichtsfeld schränkte sich ein und meine Sprache veränderte sich. Zeitweilig verlor ich das Bewusstsein und damit auch die Erinnerung.

Die Jesuiten wollten mich nicht ohne das Wissen meiner Eltern ins Krankenhaus bringen, daher riefen sie an und berichteten von meinem Zustand. Noch am gleichen Tag war Mutter in St. Georgen, um mich abzuholen. In herausfordernden Lebenssituationen war sie wesentlich stärker, von schnellerem Entschluss und aktiver als Vater. Meine Wahrnehmung reduzierte sich auf kurze Momente, dann setzte sie wieder aus. Ich sagte nichts, weil ich noch immer Angst hatte, meinen so hart errungenen Schritt nach Frankfurt rückgängig machen zu müssen, doch bemerkte ich nicht, dass er bereits vollzogen war.

Sommer 1960. Und noch immer findet sich keine Eintragung in Mutters Blauem Buch.

Man sagt, es seien einige Monate gewesen, in denen ich im Koma lag. Professor Mauz hatte meinen Eltern, wie ich nach Jahren erfuhr, keine allzu großen Hoffnungen gemacht. Doch dann wurde ich wie nach einem langen Schlaf im Herbst wieder wach.

Vater, der sich sehr überwinden musste, in die Universitäts-Nervenklinik zu gehen, und dann noch auf die geschlossene Station 7, brachte mir bei seinem Besuch eine Bibel mit und bat mich inständig, etwas, aber keinesfalls zu viel, darin zu lesen. Mutter besuchte mich täglich und litt nahezu genauso wie ich unter den Elektro- und Zuckerschocks. Sie bat den von ihr sehr geschätzten Pfarrer Heinz Löker von der Antonius-Pfarre in Münster, mir mehrmals die Kommunion zu bringen. Mehr und mehr gesundes Leben setzte sich durch, sodass ich entlassen werden konnte.

Vater und Mutter waren äußerst liebevoll zu mir, jedoch gespannt, wie es mit mir weitergehen würde. Wegen anhaltenden Schwindels und sporadisch auftretender starker Kopfschmerzen musste ich noch viel liegen. Nach dieser Krankheit würde ich als Priesteramtskandidat nicht mehr angenommen, so hatte ich erfahren. Vater war mit meinem Vorschlag, Psychologie zu studieren, einverstanden, sagte aber, was er im Stillen dachte: »Solltest du später vielleicht doch einmal den Betrieb übernehmen, wird dich ein solches Studium im Umgang mit Menschen sehr unterstützen.«

Mutter schrieb in der Karwoche einige Zeilen an mich, die sie mir aber zu ihren Lebzeiten nicht offenbarte.

Es tut mir leid, wenn ich manchmal meinem Unbehagen Luft mache, aber es wirkt befreiend. Sagen kann und möchte ich es niemandem, nur Dir, Peter, der Du viel-

leicht später einmal diese Zeilen lesen wirst. Ich habe an dir und mir die Beobachtung gemacht: Wenn die körperliche oder seelische Last, die ein Mensch zu tragen hat, ihren Höhepunkt erreicht hat, beugt sich der Mensch und schweigt. Ich denke an Jesus Christus auf seinem Weg nach Golgota. Einem jeden Ostermorgen geht der Karfreitag voraus. Ich glaube, dies ist eine Vorbedingung für die Erlösung.

Das eigene Leid öffnet Dir den Blick für das Leid anderer Menschen, für die Leiden der Gemeinschaft, der Kirche und der ganzen Welt. Ich habe oft bei leidenden Menschen eine wunderbare Reife des Geistes gefunden. Wenn wir das uns zugedachte Leid annehmen und tragen, sät es in das Herz des Menschen den Samen der sich schenkenden und opfernden Liebe. Wenn Dich einmal erneut schweres Leid treffen sollte, dann brauchst Du niemals an der Sinnlosigkeit des Schicksals zu verzweifeln, denn Gott arbeitet an Dir und hat Großes und Heiliges mit Dir vor.

Wenn der Ostermorgen dämmert, ist bereits alles Schwere überstanden und es wird leicht. Wie oft durfte ich nach harten Schicksalsschlägen und Leid diese Erfahrung machen. Darüber, dass uns die Erlösung zugesagt ist und dass sie auch stattfindet, ist mein Herz über alle Maßen erfreut und dankbar. Ist nicht die ständig sich wiederholende Neubelebung in der Natur Zeichen für eine tiefere Wirklichkeit? Indem ich immer mehr die Dinge und Ereignisse zeichenhaft sehe und auch empfinde, erfahre ich eine tiefere Wahrheit und mein Leben wird reicher und erfüllter. Diese wunderbare Erfahrung wünsche ich Dir so sehr. Ich bete für Dich!

Abgründe tun sich auf

Als am 10. Oktober 1964 gegen 12 Uhr mein Vater tödlich mit dem Auto verunglückte, war ich der Erste unserer Familie, der von diesem tragischen Unfall erfuhr. Es war ein Sonnabend und schon in der Frühe war Vater zum Fischen an die Ems gefahren. Wir besaßen ein kleines »Waldhaus«, das am Fluss gelegen war – ungefähr 14 Kilometer von meinem Elternhaus in Rheine entfernt. Als Vater uns verließ, war er 58 Jahre alt. Sein plötzlicher Abschied aus dieser Welt bleibt ein Geheimnis. Beim Unfall waren keine Zeugen zugegen und niemand war in dieses Geschehen verwickelt, das sich allein zwischen Vater und dem Himmel vollzog. In einer leichten Rechtskurve – es war an diesem Tag grau und regnerisch – muss er mit seinem Volkswagen von der Fahrbahn abgekommen und vor einen Baum gefahren sein. Vorbeifahrende fanden ihn, bereits tot, in seinem Auto. Als Vater an diesem Tag gegen 13 Uhr noch nicht zum Mittagessen zu Hause war, bat Mutter uns – meine Schwester und mich – zu Tisch. Wir machten uns keine Gedanken, obwohl Vater immer sein Wort hielt und niemals unpünktlich war.

Meine Schwester bereitete sich auf ihr Examen als Medizin-Technische Assistentin vor und ich war in dieser Zeit – 27-jährig – mit meiner Diplomarbeit im Fach Psychologie beschäftigt. Wir studierten beide in Münster und verbrachten jeweils die Wochenenden zu Hause. Mutter hatte sich nach dem Essen hingelegt, um etwas zu schlafen. Graue Oktobertage entsprachen nicht ihrem heiteren und sonnigen Wesen. Gegen 14 Uhr erfuhr ich die Nachricht von Vaters ältestem Bruder Heinz, der vom Mathias-Spital, in das man Vater noch mit dem Krankenwagen gebracht hatte, angerufen worden war. Uns wollte man schonen. Jetzt stand Onkel Heinz vor der Tür. In meiner ersten Reaktion auf seine ruhigen Worte – aber aus heiserer Kehle kommend – riss ich die Fensterdekoration in unserer Diele zu Boden. Schnell kam ich jedoch wieder zu mir und mir wurde bewusst, dass jetzt alle Verantwortung bei mir lag. »Alles sollte weitergehen wie bisher – ohne Vater?« Ich spürte, wie mir innerhalb dieser Erschütterung Kraft zuströmte. Ich versprach meinem Onkel, ab jetzt alles selbst in die Hand zu nehmen. Sichtlich erleichtert verließ er unser Haus.

Meine Schwester, sie ist fünf Jahre jünger als ich, rannte in ihr Zimmer und schloss sich ein. Ich ging zu Mutter und weckte sie leise. Meine Knie zitterten und ich kniete vor ihrem Bett nieder. Ich muss ihr zugeflüstert haben, dass es Vater nicht so gut ginge und er im Krankenhaus sei. Mit großen Augen richtete sie sich auf und starrte mich erschreckt an. Kurz darauf, auf dem Weg zum Krankenhaus, sagte ich ihr, was wirklich geschehen war. Meine Schwester schwieg, fassungslos. Wir hielten Mutter in unserer Mitte. Und dann standen wir in einem kleinen Zimmer der Ambulanz vor Vater. Er lag auf einer Bahre; ein weißes Tuch deckte ihn zu. Sein vertrautes Profil zeichnete sich ab. Ich zögerte nicht, das Laken ein wenig anzuheben. Die Stirn war auf der rechten Seite eingedrückt, seine Augen waren geschlossen. Hilflos blickten wir ihn an – und haltlos ohne das Leben von Vater, das uns alle getragen und Schweres von uns ferngehalten hatte.

Ohne auf ein Zeichen von Mutter oder meiner Schwester zu warten, legte ich das Laken wieder ganz über ihn. Als ich ihn dabei sanft berührte, überfiel mich eine solche Schwere, als hätte ich die Last der ganzen Welt zu tragen.

Tief unten

Vater hinterließ uns seinen Textilbetrieb mit mehr als zweihundert Mitarbeitern. Seinen großen Wunsch, mich rechtzeitig auszubilden und einzuarbeiten, um den Betrieb zu übernehmen, hatte ich bisher immer ausgeschlagen. Nun gab es für mich kein Entrinnen mehr – weder in die Psychologie, Philosophie noch in die Theologie. Meine Mutter, meine Schwester und ich standen durch den Verlust von Vater vor dem Nichts. Und ähnliche Zukunftsängste wurden in der Firma laut. Als Mutter und ich am nächsten Tag Vater in der Leichenhalle besuchten, streichelte ich seine Hände und gab ihm meinen Rosenkranz mit auf die Reise, den ich seit jungen Jahren immer bei mir trug. Ich versprach ihm, nicht an meine eigenen Berufswünsche zu denken, sondern für Mutter und den Betrieb ein Leben lang da zu sein.

Bereits am Montag – Vater war noch nicht beerdigt – begann ich mit der Arbeit im Betrieb. Angesichts der zwingenden Umstände – sowohl materiell als auch ideell – bedeutete es mir nichts, mein Psychologiestudium aufzugeben, obwohl ich mich bereits im Endexamen befand. Die Heiterkeit und Unbekümmertheit einer langwährenden Kindheit und Jugend war abrupt zu Ende. Verantwortung, mangelnde Berufserfahrung, fehlendes Fachwissen, zu hohe Erwartungen anderer, aufregende Tage und schlaflose Nächte traten an ihre Stelle.

Seit Du auf dieser Welt bist, waren Deine Eltern sich einig, Dir das Ziel vor Augen zu stellen, eines Tages die Firma zu übernehmen. Deine Fehler und Mängel haben uns immer neu motiviert, Dich noch besser zu erziehen, damit die Familientradition durch Dich nicht unterbrochen, sondern in bewährter Weise fortgeführt wird. Nach Vaters Tod war mir klar, dass Du nicht mehr Dein eigenes Wollen an die erste Stelle setzt, Dein Studium aufgibst, um Dich dann für immer Deiner eigentlichen Hauptaufgabe zu widmen. Ich sehe mich gezwungen – allein schon im Sinne von Vater –, Dir dieses jetzt noch einmal deutlich vor Augen zu führen. Unser gemeinsames Ziel, das jetzt zu meinem alleinigen geworden ist, muss nun endlich auch zu Deinem eigenen Ziel werden. Unsere Sehnsüchte und Wünsche müssen nun endlich durch Dich realisiert werden. Ich hoffe, Du bist so stark motiviert, dass Du unsere Führungskräfte und alle wertvollen Mitarbeiter begeistern und für Dich gewinnen kannst. Um erfolgreich zu sein, musst auch Du wiederum ein Ziel haben, das es durchzusetzen gilt. Erfolgreiche haben ein Ziel.

Mutter schien mir auf einmal zu einem ganz anderen Menschen geworden zu sein. Sie kam mir so distanziert vor. Ich wusste nicht, wie ich ihr bei der großen Trauer um Vater begegnen sollte. Ich musste sie mehr oder weniger alleinlassen, denn mein Tag war bis zum späten Abend ausgefüllt mit all den neuen Aufgaben, die es zu bewältigen galt. Wie sollte ich als 27-Jähriger ohne jegliche kaufmännische Erfahrung mit all der Verantwortung und den verschiedensten Aufgaben fertig werden? Leistung, Leistung und noch einmal Leistung. Besonders belastend und fordernd waren der ständig wachsende Erwartungsdruck von Mutter und die finanziellen Forderungen der Mitgesellschafter.

Wenn Du auch bei der Übernahme der Firma denken solltest, rechtlich zu nichts verpflichtet zu sein, so bitte ich Dich doch, an Deinen verstorbenen Vater und an Deine Mutter zu denken, die Dir immer mit Liebe entgegengekommen sind. Erfülle mir diesen einen Wunsch und bleibe der Familie treu, indem Du in unserer Firma bleibst und engagiert arbeitest. So hoffe ich, dass unser Zusammensein und Zusammenwohnen nach Abschluss dieser Angelegenheit wieder eine neue Grundlage bekommen. Sollte es aber zu neuen Disharmonien kommen, so halte ich es für besser, dass wir uns trennen.

Mein lieber Peter, ich bin darum bemüht, alles für Dich zu regeln, damit Du in Deiner Zukunft gesichert bist. Dabei werde ich mich selbst, so gut ich es kann, zurücknehmen. Wie Du weißt, liebe ich meine Kinder über alles und glaube, dass ich auch Dich, so weit wie es möglich war, mit Deinen Wünschen berücksichtigt habe. Nach Vaters Tod musste ich ein sehr schweres Erbe antreten und ich hoffe, dass Du es mit mir teilst. Lass uns nicht streiten und uns gegenseitig ärgern und vor allem keine fremden Menschen in unsere persönlichen Angelegenheiten hineinziehen. Wir sollten uns bemühen, nichts nach außen zu tragen. Ich bitte Dich also, diesen Brief, der als ganz persönlicher Brief nur an Dich gerichtet ist, für Dich zu behalten, selbst in Ruhe zu durchdenken und mir dann Antwort zu geben.

Mit herzlichen Grüßen – stets Deine Mutter.

Versuch und Irrtum

Jetzt gab es Vater nicht mehr und ich stand – so fühlte ich mich – allein an der »Front«. In der immer stärker werdenden inneren Bedrängnis und aus Angst, Gefordertes nicht leisten zu können, suchte ich vergeblich Hilfe in geistlichen Gesprächen. Wie aus Eintragungen in ihrem Blauen Buch hervorgeht, muss auch Mutter in dieser Zeit ihren sonst so lebendigen Glauben als verdunkelt erlebt haben.

Durch Schicksalsschläge und durch Enttäuschungen von Menschen bin ich in der letzten Zeit relativ hart geworden. Oft stehe ich mir auch selbst im Weg. Seit einiger Zeit – und so kennst Du mich gar nicht – lebe ich mit einer vorwiegend negativen Grundeinstellung und orientiere mich ausschließlich an Realitäten. Der Zugang zum Glauben, der sonst offen und lebendig war, ist wie verstellt. Kennst Du auch diese oder ähnliche Zustände, in denen das Negative sowohl außen als auch innen dominiert? Das große Gebäude der Kirche auf Erden ist seit einiger Zeit für mich nichts weiter als eine Institution ohne Bedeutung. Und welch heiteren und befreienden Zugang habe ich vorher gehabt!

Vielleicht mag diese negative Einstellung auch daher kommen, dass ich in letzter Zeit mehrmals von Menschen, die mir nahestehen, und auch von Dir enttäuscht wurde. Ich habe von Harald (Schwiegersohn) viele gute

Informationen bekommen, die nicht nur mir, sondern auch der Firma von Nutzen sind. Das ist schon alles gut, doch bleibt er mir fremd, denn er lebt ein völlig anderes Leben als ich, ebenso verschieden sind auch unsere Denkweisen.

Welch ein wunderbarer Mensch dagegen war doch Dein Vater. Bei aller Konsequenz und Härte, die er manchmal in seinem Beruf zeigen musste, war er ein äußerst feinfühliger Mensch, der sich voll konzentrierte auf sein Gegenüber, der feinste Empfindungen anderer wahrnahm und seine eigene Person nicht in den Vordergrund stellte. Das, was er sagte und tat, hatte Hand und Fuß und entsprach durch und durch seiner inneren Haltung und seiner Lebenseinstellung. Ich wünschte, es gäbe mehr Persönlichkeiten von seiner Art.

Ich bemerkte es vorerst nicht, wie ich damit begann, Brücken über Abgründe zu bauen, die weder dauerhaft, belastbar noch tragfähig waren.

Abends trank ich Rotwein, regelmäßig und immer mehr; morgens dagegen starken schwarzen Kaffee. Um eine noch stärker anregende Wirkung auf das Nervensystem zu erzielen, blieb die Einnahme von stimulierenden Kreislaufmitteln nicht aus. Das eine öffnete dem anderen die Tür. Statt zu essen, gab es dann bereits mittags Rotwein und vor jeder schwierig zu werdenden Aufgabe zusätzlich und regelmäßig hochprozentigen eisgekühlten Korn. Niemand sprach mich darauf an und ich hatte das Gefühl, dass alles so sei wie bisher. Dem Betrieb ging es schlechter – mir ging es schlechter, aber Letzteres bemerkte ich nicht. Ich verlor die Übersicht und hyperner-

Besetzt mit Trauer und Zweifeln

vöse Störungen machten sich auch körperlich bemerkbar. Die Ärzte verschrieben mir – ich ging bewusst zu mehreren – Valium, Librium und Adumbran, Beruhigungsmittel, die mich abhängig machten. Ich befand mich mit mir selbst in einem Teufelskreis – ohne jedoch wahrzunehmen, wie er mich täglich mehr und mehr einengte, mein Leben überschattete und mir jegliche Entscheidung in Freiheit versagte.

Dass Peter angefangen hat, zu trinken und ein Leben lebt, das ich nicht nachvollziehen kann, macht mich sehr unglücklich. Ich bin niedergeschlagen, lustlos, unkonzentriert und reizbar. Ich muss mit der Situation fertigwerden. Sie ist mit einem Sturm zu vergleichen, der über mich hergefallen ist. Aber – und das sage ich mir immer und immer wieder – der Sturm kann nicht ewig dauern. Und doch muss ich jetzt alle Kraft zusammennehmen, um mein Lebensschiff unbeschadet durch diesen Sturm hindurchzusteuern, denn ich möchte nicht untergehen. Der Sturm treibt mich an scharfe, angstmachende Klippen heran und gefährdet mein Lebensschiff aufs Äußerste. Meine eigene Wut und mein Hass kommen hinzu und vergrößern die tödlichen Klippen, an die der Sturm mich treibt.

Herr, lass mich diese Krise überstehen und neuen Lebensmut fassen.

Da ich Mutters Trauer um Vater und die ständigen Vorwürfe, die ich mir von ihr wegen meiner Lebensführung anhören musste, nicht länger ertragen konnte, suchte ich mir eine Wohnung und zog aus dem Elternhaus aus. Mutter wurde noch trauriger und es schien, dass sie sich innerlich von mir distanzierte. Mit ihr sachlich über etwas zu sprechen, wurde immer schwieriger. Sie nahm es dem Schöpfer unendlich übel, dass er Vater von ihrer Seite gerissen hatte. Alles, was Vater gehörte, durfte niemand anrühren; selbst seine Garderobe ließ sie die ersten Jahre am gleichen Ort. Es war, als wartete sie darauf, dass Vater jeden Moment zurückkommen würde. Mutter hatte sich ganz nach innen gekehrt und in ihrer Trauer und im Nichtverstehen meines Verhaltens war sie für mich unnahbar. Ich spürte, dass sie von mir verlangte, so zu sein, wie es Vater war. Bei allem beruflichen Druck kam dieser noch erschwerend hinzu. Ich wusste nicht, wie ich Mutter eine Freude machen konnte; sie war so tief traurig und weit weg von mir.

Du lebst in einer Atmosphäre, die Du Dir selbst geschaffen und aufgebaut hast. Ich hoffe nur sehnlichst, dass die harten und schweren Stürme, die Du zur Zeit erfährst, den Grundton Deiner Seele nicht zerstören. Mögest Du doch lernen, Dein Tun von innen heraus zu steuern. Du würdest anders handeln, vieles lassen und Neues tun. Die Bedeutung Deines Schaffens würde Dir in einem ganz anderen Licht erscheinen. Ich bete zu Gott, dass er Dir neue Initiativen eingibt und Dir Dein Talent auf eine vielleicht ganz andere Weise bezeugt.

Ich könnte viel von dem berichten, was ich von Dir höre, was ich erfahre und erlebe, doch habe ich im Moment nicht die Kraft dazu.

Die Firma wies in der Jahresbilanz erste Verluste aus. Sowohl die Gesellschafter als auch die Banken wurden mir gegenüber noch kritischer. Entgegen meinem Versprechen, das ich Vater am Sarg gegeben hatte, für den Betrieb und die Familie lebenslang zu sorgen, kam der Wunsch in mir auf, so bald wie möglich diese unübersehbare Verantwortung abzugeben. Verhandlungen, das Unternehmen mit dieser Bilanz zu verkaufen oder zu fusionieren, scheiterten. Wenn der Steuerberater sich in dieser Hinsicht stark zeigte, so war ich es doch jedes Mal, der ein schlechtes Bild abgab, unsicher und zerrissen wirkte.

Ich bin dabei, genau festzustellen, worüber ich mich eigentlich so beunruhige. Im Grunde ist es die Feststellung und Tatsache, dass Du Dich nicht so verhältst wie Vater und ich es für Dich vorgesehen haben. Wir haben versucht, Dir ein gutes Fundament durch unsere Erziehung mit auf den Weg zu geben und Dir beruflich eine Basis zu schaffen, damit Du weiterführen kannst, was Vater und Dein Großvater begonnen haben und nicht erst aufbauen musst.

Wäre nicht durch meine Eltern und durch meine geistlichen Begleiter, Dechant Fabry aus Rheine und Pater Bonaventura aus Gerleve, der christliche Glaube in mir grundgelegt worden, dann könnte ich die Enttäuschung durch Dich nicht ertragen und auffangen. Der Glaube schenkt mir eine Kraft, durch die ich mein Leben weiterleben kann; völlige Glaubensleere würde einen Zusammenbruch bedeuten. Das Herz ist das Tor des Glaubens, nicht der Verstand. Ich versuche, jeden Tag so zu leben, als wäre es der erste, den ich je gesehen habe, und der letzte, den ich je sehen würde.

Da ich nicht mehr bei Mutter wohnte, ich sie auch selten besuchte, da alles durch sie für mich nur noch belastender wurde, bekam ich es auch nicht mit, dass Mutter schwer erkrankte. Als ich zum letzten Mal mit ihr telefonierte, sagte sie mir nichts von ihren fast unerträglichen Schmerzen, und da ich ständig »besetzt« war, konnte ich weder spüren noch erkennen, dass es ihr sehr schlecht ging.

Im Dezember 1968 wurde sie dann in Münster an der Hauptschlagader und am Unterkiefer operiert. Ich erfuhr erst nachträglich davon. Erst ihre Aufzeichnungen verrieten mir, wie ernst die Situation damals war und wie ihr daran lag, sich mit mir zu versöhnen.

Ich fühle mich sehr elend und krank und möchte das Leben am liebsten unauffällig beenden, ehe es mich mit den unfairen Waffen unerträglicher Schmerzen besiegt. Aber ich glaube an Gott, sein Erbarmen und seine Liebe und habe nicht die Kraft, von mir aus meinem Leben ein Ende zu setzen. Ich möchte den Sinn der seelischen und körperlichen Leiden verstehen und wieder lernen, mein Leben zu achten.

Sofern es eine Möglichkeit gibt, eine Lebensschuld abzutragen, werde ich sie abtragen. Ich hoffe auf ein Gespräch mit meinen Kindern und auf das Sakrament der Versöhnung. Ein Teil meiner Schuld besteht darin, vielen Herausforderungen und auch vielen Menschen, die Gott mir auf meinen Weg gestellt hat, aus dem Weg gegangen zu sein.

Ich frage mich jetzt, ob es Feigheit war! Ich glaube es nicht. Es war einfach nur Schwäche. Schwäche ist ein

Krieg ohne Waffen. Aber wie konnte ich mich denn zu Entscheidungen zwingen, wenn mein Bewusstsein mich unaufhörlich zur Vorsicht mahnte. Es waren entsetzliche Qualen mit diesem Schwebezustand verbunden. Ich habe versucht, sie mir nicht anmerken zu lassen.

Alle Entscheidungen unendliche Male abzuwägen, heißt, sie der spontanen Stoßkraft zu berauben und sie der Melancholie des Wissens zu überliefern. Ich weiß auch jetzt nicht, wie ich vieles anders hätte machen können. Und auch im Augenblick meines Todes wüsste ich keine Antwort auf viele Fragen, die mir das Leben und das Leben meines Sohnes gestellt haben. Wenn es jetzt sein muss, verlasse ich die Erde gern, denn ich habe sie zum großen Teil schon verlassen, innerlich. Doch spüre ich noch einen Rest von Trauer bei dem Gedanken, mich mit Peter nicht versöhnt zu haben.

Mutter muss sowohl äußerlich als auch seelisch Schreckliches durchlitten haben. Ich besuchte sie selten, denn ich wollte sie durch meine Gegenwart nicht noch zusätzlich belasten. Heute weiß ich, dass es eine Ausrede war. Warum habe ich ihr nicht beigestanden, meiner eigenen leiblichen Mutter? Ich wusste, dass meine Schwester, die in Münster wohnte, gut für sie sorgen würde. Doch wie gut hätte es ihr getan, mich zu sehen und mich zu sprechen.

Tief berührt hat es mich, als ich Mutters oben wiedergegebenen Worte las, die sie wahrscheinlich vor ihrer Operation aufschrieb. Dasselbe empfand ich bei den nun folgenden Worten, die ich – ebenfalls mühsam geschrieben auf einem Stück Mullvlies – in ihrem Blauen Buch fand.

Nach der Operation geht es mir heute wesentlich besser. Die Wunde beginnt langsam zu heilen, das Fieber lässt nach. Aber alles geht sehr, sehr langsam voran. Ich habe es hier gut, die Menschen sind aufmerksam und verhalten sich liebevoll zu mir, nur, meine Seele ist krank. Diese Wunde will nicht heilen. Sie ist zwar mit einer dünnen Haut überzogen, doch nur ein bestimmter Blick oder ein böses Wort reißt sie wieder auf. Ich lese viel, das lenkt mich ab und lässt mich die Zeit überstehen. Doch lerne ich auch beim Lesen viel und das tut gut.

Nun, nachdem der Tod mich nicht mehr haben will, will ich ihn auch nicht mehr und ich schlage mich auf die Seite des Lebens.

Wenn Mutter einmal etwas bejahte, tat sie es mit ganzer Kraft. Sie wurde schnell wieder gesund und konnte entlassen werden. Zu Hause hatte sie vorübergehend gute Hilfe. Mit meinem Absturz jedoch – so nannte sie meine Schwäche und mein Versagen – wurde sie innerlich nicht fertig. Sie errichtete einen Schutzwall um sich, der es mir noch schwerer machte, an sie heranzukommen.

Durch Dein Verhalten erfahre ich, dass das Leben etwas ganz Erschreckendes für mich bereithält. Es ist schwer, ja, fast unmöglich für mich, sich dem gedanklich und gefühlsmäßig zu entziehen. Selbst wenn es Feigheit ist, würde ich es gern tun – vorausgesetzt, ich könnte es. Ich versuche, mein Ich in etwas anderes zu versenken und mir von dort her Kraft zu holen. Doch muss ich mir selbst eingestehen, dass ich damit einen Schleier über mein Ge-

sicht ziehe und die Realität nicht wahrhaben möchte. Ich glaube, indem ich verstärkt meinen Willen einsetze, damit Festigkeit zu beweisen. Doch dem ist in Wahrheit durchaus nicht so.

Ich versuche, Deinen Absturz so zu behandeln, als ob er mich nichts angeht und er etwas Leichtes ist. Doch Schweres leicht zu nehmen, ist mir noch niemals gelungen. Alle guten Gedanken, die aufkommen, um mit dem fertigzuwerden, was Du anstellst, sind letztlich nur Einreden. Diese Gedanken sind nur ein Gerede, das ich mit mir selbst anstelle.

Ohne es anfangs zu bemerken, habe ich um mein Leben einen Zaun errichtet, um nicht alles an mich herankommen zu lassen. Wenn ich ihn mir anschaue, so ist er recht hoch und feinmaschig, was mir bei der Errichtung gar nicht aufgefallen ist. Ich möchte nicht, dass die schlechten Auswirkungen Deines abschüssigen Weges mein Inneres berühren und ich darunter leide. Unser häuslicher Friede ist bereits darin ertrunken. Und wie schnell schleichen sich in Unfriede und Misshelligkeiten weitere ungute Kräfte ein, die zerstören wollen, Menschen, die als verderbliche Zwischenträger auftreten und die Flammen schüren – bedacht auf ihren eigenen Vorteil.

Trotz des Zaunes kann ich mich dieser hässlichen Kräfte nicht erwehren, sodass ich ihnen ganz und gar ausgesetzt bin. Das für mich äußerst Schmerzliche ist: Ich stehe alldem ganz allein gegenüber. Zwar versuche ich immer wieder, in erster Linie an mich selbst zu denken, mich nicht von all den Widrigkeiten in Beschlag nehmen zu lassen und den Zaun weiter auszubauen, doch will mir das nicht so recht gelingen.

Ich habe auch einen Zaun um meine Zeit gezogen und nehme mir das Recht heraus, über vierundzwanzig Stunden frei zu verfügen. Meine Zeit! – als ob ich sie selbst geschaffen hätte. Wenn ich darüber nachdenke, wird mir klar, dass eigentlich jede Stunde, die ich leben darf, eine Gnadengabe ist.

Vergib mir, Herr, vergib mir den Egoismus meines Lebens.
Vergib mir die Ichbezogenheit und die angestrebte Gleichgültigkeit den anderen gegenüber.
Hilf mir, die Zäune abzureißen, die ich aufgerichtet habe, sodass mein Leben zu einem offenen Garten wird mit freier Sicht nach außen.
Dann werden auch die anderen, die draußen stehen, hineinblicken und wir können den Weg zueinanderfinden.

Man ändert nur das, was man annimmt

Mir wurde trotz aller Täuschungen durch Alkohol und Tabletten bewusst, dass ich in eine gefährliche Sackgasse geraten war und dass ich mein Leben in dieser chaotischen Weise nicht fortsetzen durfte. Ich überlegte, einen Geschäftsführer einzustellen.

Ich machte Pfarrer Löker mit meiner seelischen Not vertraut. Natürlich musste ich auch von Mutter sprechen, die er verehrte. Mir war nicht ganz wohl dabei, doch musste ich es tun, denn unser beider Leben waren noch ungut miteinander verknüpft.

»Als Vater seine Familie verließ, war Mutter wie gelähmt und voll innerer Opposition. Es fällt mir immer schwerer, sie zu verstehen, denn sie blockiert das Leben in sich selbst. Mutter, so habe ich den Eindruck, lehnt sich bis zum Äußersten gegen ihr Schicksal auf, um Vater zurückzufordern. Sie konnte zeitweilig den Herrgott auch nicht verstehen und lehnte sich auch gegen ihn auf, dass er ihr das Liebste, was sie in dieser Welt besaß, meinen Vater, genommen hat. Mutter tätigt zwar die notwendigen Einkäufe, doch geht sie, außer täglich zum Friedhof, nirgendwo hin. Vaters Kleiderschrank und seinen Nachttisch hat sie jetzt schon sechs Jahre lang unberührt gelassen. Anstatt seine Garderobe an Leute zu verschenken, die sie brauchen können, hütet sie sie. Wenn ich etwas gegen ihr Verhalten sage oder mit ihr über ihre Lebenswunde sprechen möchte, blockt sie ab und wird regelrecht böse. In ihrem Unverständnis, dass ihr der geliebte Mann genommen wurde, zieht sie sich auch heute noch immer mehr zurück. Manchmal habe ich sogar den Eindruck, dass sie mir innerlich Vorwürfe macht für den frühen Tod meines Vaters. Dann wiederum erwartet sie von mir das Unmögliche, ihn beruflich zu ersetzen. Das ist mir natürlich in den sechs Jahren nach seinem Tod nicht gelungen, im Gegenteil: Ich bin abgestürzt – wie sie mir wiederholt sagt und womit sie auch recht hat. Gespräche mit ihr führen nicht weiter und ich weiß weder ein noch aus. Ja, eines weiß ich, wenn ich mich ändern würde, ginge ihr es bestimmt wesentlich besser. Mit dem sich Ändern meine ich, keinen Alkohol mehr zu trinken, den Umgang mit bestimmten Menschen aufzugeben, mich noch mehr in der Firma zu engagieren und wieder den Glauben zu praktizieren. Doch das kann und will ich in meiner jetzigen Lage nicht. Ich möchte einfach aussteigen, um etwas Neues zu beginnen. Um darüber zu sprechen, bin ich zu Ihnen gekommen.«

Am Ende unseres Gespräches versprach Pfarrer Löker mir, mich mit einem befreundeten Professor an der Pädagogischen Hochschule in Münster bekannt zu machen. Professor Große-Jäger lud mich dann zu einem dreitägigen Gebetskursus mit dem Thema »Einübung in die Meditation« ein. Obwohl ich allein bei dem Wort »Gebet« schon meine größten Bedenken hatte, war die Art, mit der er mir den Inhalt und den Erfolg des Kursus schilderte, so überzeugend und faszinierend, dass ich meine Teilnahme zusagte.

Die erste Wende:
Das Ruhegebet

Etwas Wesentliches war während der Kurstage mit mir geschehen. Auf der Grundlage des Ruhegebetes geschah etwas Wunderbares mit mir, ohne etwas leisten oder es verdienen zu müssen. Bisher lebte ich nur mit von außen anerzogenen Ge- und Verboten, mit Angst vor Strafe, Glaubenssätzen und Dogmen. Veräußerlichte Riten, starre Tradition und mangelnde Lebensnähe ließen meiner menschlichen und religiösen Sehnsucht keinen Raum.

Durch meinen Aufbruch, den ich nach und nach als solchen erleben durfte, wurde mir im wahrsten Sinne klar, dass das Wesentliche niemals von außen kommen kann – weder durch den eigenen Willen noch durch die Macht anderer.

Auch in Mutter ging zu dieser Zeit etwas vor, von dem ich nichts ahnte. Eine Eintragung jedoch vom Sommer 1971 zeigt einen inneren Aufbruch bei ihr. Am Ende fügt sie ein Gedicht hinzu, das mir wie eine leise Ahnung von dem erscheint, was kommen wird. Aber es war oft so im und nach dem Zweiten Weltkrieg, dass viele Mütter um das Schicksal ihrer Söhne wussten – ohne dass sie eine Nachricht erhalten hatten.

Durch Vaters Tod wurde unsere Familie völlig zerrissen und verlor ihre Mitte und ihren Halt, ja, sogar ihren Sinn. Da sich nach diesem Tag mein Leben völlig veränderte, war ich derart an mich selbst gefesselt, dass ich meinen Kindern keine gute Mutter mehr sein konnte. Mein Dasein wurde zur Qual. Es blieb mir ein Rätsel, woher ich die körperliche und seelische Kraft nahm, die schwere Bürde, die mir das Schicksal und damit Gott auferlegt hatte, zu tragen und zu ertragen. Dunkle negative Gedanken, dass ich in ungerechter Weise vom Schicksal benachteiligt sei, schlichen sich bei mir ein und besetzten mein Inneres.

Eines Tages spürte ich in meinem Herzen, dass meine Kinder mich brauchten, gerade jetzt, wo sie ihren Vater verloren hatten. Ich entdeckte ihr Dasein und ihr Wesen ganz neu für mich, vor allem aber, dass ich ihre Mutter war. Mir wurde das ewige Gesetz der Mutterliebe bewusst und es durchdrang mich auf einmal wie ein Wunder. Da ich allein stand und mich alleingelassen fühlte, hatte ich bisher das Muttersein als ein einziges Opfer für meine Kinder empfunden. Dem war nun nicht mehr so. Bereitwillig nahm ich sie an in ihrer individuellen Verschiedenheit und ich sah auch nicht mehr in ihrem Drang zum Leben einen reinen Egoismus. Freudig, und das erinnerte mich an frühere Zeiten, konnte ich ihr Tun bejahen und sie annehmen als ein göttliches Geschenk. Ich sah von mir selbst mehr und mehr ab und fand meine Aufgabe darin, diese Geschenke auf das wahre Leben und damit letztlich auch auf Gott hin zu entwickeln. Mir wurde plötzlich bewusst, dass man als Mutter eigentlich nur positiv denken sollte, ja, im Bewusstsein, Mutter zu sein, eigentlich nur positiv denken und handeln kann.

Als Mutter kann ich nichts Besseres tun, als mich in dieses Sein hineinzuvertiefen und meinem Schöpfer zu danken, dass er mich aus der Enge meines Seins über ei-

ne Brücke hinaus ins Weite geführt hat. Jetzt kann meine
Seele wieder atmen.
    Wie sehr wünsche ich mir besonders für Peter, dass
auch er einen Schritt auf Gott hin tun möge.

Wohin gehst du?
Es steht in deiner Macht, Gott loszulassen.
Doch hindern kannst du nicht, dass Er dich hält.
Es steht in deinem Willen, Gott zu hassen,
und dennoch liebt Er dich, du Kind der Welt.

Du kannst dich gegen Christus frei entscheiden,
auf Golgota entschied Er sich für dich.
Du kannst Sein Wort und Seine Kirche meiden,
doch immer suchen Wort und Kirche dich.

Du kannst dir selber deine Wege suchen,
doch hindern kannst du nicht, dass Gott dich führt.
Du kannst Gott leugnen, Seiner Allmacht fluchen,
doch hindern kannst du nicht, dass Gott regiert.

Die Lebensenergien, die durch die immer größer werdende Ruhe durch das Gebet für Leib und Seele freigesetzt
wurden, strömten zunächst einmal dorthin, wo sie am
dringendsten benötigt wurden. Schon nach einigen Wochen bemerkte ich diese Veränderungen, die sich vorerst
natürlicherweise körperlich ausdrückten.
    Auch Mutter, obwohl ich ihr kaum etwas über diesen
Schritt gesagt habe, stellt eine Veränderung an mir fest, ja,
sie benutzt zum ersten Mal wieder das Wort »Lachen«.

Wie wunderbar hat sich alles gefügt. Ich habe viel erlebt, über das ich geweint habe; ich darf aber auch heute rückblickend sagen, dass mir auch viele komische Situationen begegnet sind, über die ich herzhaft lachen musste. Wenn ich es erst einmal so weit gebracht habe, über Ärger oder Kümmernisse zu scherzen, dann kann mir wohl nicht mehr viel passieren.

Von meinem jetzigen Standpunkt aus – und ich bin unserem Herrgott dankbar, dass er alles so wunderbar gefügt hat – bedauere ich es nicht, dass ich so viel Schweres ertragen musste. Mir blieb nichts anderes übrig, als mir durch einen vor mir liegenden dunklen Berg meinen Weg zu bahnen. Ich musste durch ihn und die Dunkelheit hindurch, um wieder Licht, Leben, Gnade und Liebe zu erfahren. Mein Leben, soweit es überhaupt nach Vaters Tod noch eines war, hat wohl die äußersten Dunkelheiten berührt und in sich aufgenommen, ehe mir nach ungefähr sieben Jahren ein hoffnungsfroher Lichtblick geschenkt wurde. Das Erlebte und das damit verbundene schwer zu tragende Kreuz waren anscheinend den Preis wert, den ich für mein geistiges und seelisches Weiterkommen zu bezahlen hatte.

Ich spüre oftmals dem Leben Jesu nach und fühle den grausamen Schmerz mit ihm, als ihn kurz vor seinem irdischen Ende seine geliebten Jünger verlassen hatten und er einsam seinen Weg nach Golgota beenden musste. Und doch oder gerade darum gibt es die Auferstehung und Überwindung der Dunkelheit und des Todes. Erst durch meine schlimmen Jahre und ihre Überwindung wird mir nicht nur das Geheimnis der Glaubens klar, sondern es wird für mich auch in gewisser Weise nachvollziehbar. Ich bin dankbar, unendlich dankbar – vor allem dafür, dass in Peter eine Wandlung vorgeht.

Selbstverständlich wirkte sich das Ruhegebet auch positiv auf meinen Beruf aus und auf die immer noch angespannte Situation mit Mutter. Ich spürte deutlich, wie eine gesunde Intuition zu einem klareren Denken und zu gelungeneren Handlungen führte. Ungute Fremdeinflüsse durch Alkohol und Medikamente gab es nicht mehr. Auch negative Beeinflussungen durch andere Menschen, von denen ich glaubte, Hilfe und Zuwendung zu bekommen, hatten keine Macht mehr über mich.

Monate vergingen. Ich erlebte einerseits einen schmerzlichen Aufbruch, der mit Selbsterkenntnis und Einsicht in meine Fehler verbunden war, andererseits aber auch – und das war die immer stärker werdende und tragende Erfahrung – eine heilende Kraft, die mich stärkte und aufbaute. Bestimmt war er es, mein Vater im Himmel, wie auch der Lebenswille meiner Mutter auf Erden, die mir nach all dem Schweren und Tragischen geholfen haben, über den Weg des Ruhegebetes mein Leben in den Griff zu bekommen und es sogar wieder zu lieben.

Wie unendlich dankbar bin ich, dass eine Versöhnung zwischen uns stattgefunden hat. Jetzt kann ich Gott von Herzen danken und weitaus besser verstehen, dass er uns nicht nur unsere Sünden vergeben, sondern uns auch mit sich versöhnt hat. Ist er nicht jederzeit bereit – was auch hinter uns liegt –, uns zurückzuführen ins Vaterhaus, nicht als Knechte, sondern als seine Söhne und Töchter? Erst jetzt nach der Versöhnung innerhalb unserer Familie geht mir auf – und das muss ich an dieser Stelle demütig bekennen –, wie selbstverständlich ich die Versöhnung Gottes mit den Menschen und damit auch mit mir hinge-

nommen habe. Ich nahm sogar an, dass sie vom Menschen aus etwas fast Verdientes sei. Nun habe ich zutiefst erfahren, dass jegliche Versöhnung ein ganz besonderes Geschenk ist, das den Menschen zuteilwird.

Möge es mir nun nicht mehr passieren, dass ich die vielen, die vom Vaterhaus noch weit entfernt sind, einfach vergesse. Ich möchte allen gegenüber nachsichtiger werden, die noch in Uneinigkeit mit sich selbst, ihrer Familie und mit Gott leben. Peter, wie oft habe ich Dir innerlich Vorwürfe gemacht, Dich kritisiert und getadelt, anstatt Dich einfach zu lieben. Möge ich doch meinen Vorsatz niemals mehr vergessen, Dir gegenüber nicht mehr unnachsichtig zu sein und Dich mehr zu lieben als zu tadeln. Ich bitte Gott, dass er mich beständig daran erinnert, dass wir Versöhnte sind. Mein Gebet gilt in besonderer Weise Dir und all denjenigen, die in Uneinigkeit leben und sich gegenseitig ihr Leben dadurch oftmals bis zum Äußersten erschweren.

Um das innere wie auch das äußere Gleichgewicht wiederherzustellen, bedurfte es neben der Zeit für das Gebet auch etlicher Aktivitäten, die große Überwindung kosteten. Lebenszusammenhänge, in die ich eingebunden war, wurden mir immer klarer und ich spürte, dass ich zu meiner Entlastung, aber auch zur Entlastung von Mutter, notwendig etwas beitragen musste.

Ab und zu begegnen uns Menschen, denen fast alles gelingt, was sie sich vornehmen. Erstaunlich, mit welchem Selbstvertrauen und mit welcher Zuversicht sie ans Werk gehen! Manche sehen in ihnen Glückspilze, denen alles in den Schoß zu fallen scheint. Doch sie irren sich. Sowohl anhaltendes Glück als auch Erfolg fußen größtenteils auf anhaltenden Qualitäten und Leistungen. Selbstverständlich besitzen die Menschen von Natur aus unterschiedliche Anlagen. Dem einen sind mehr Antriebsenergien, mehr Verstand und mehr Willenskraft in die Wiege gelegt worden als dem anderen. Schon das ergibt unterschiedliche Startchancen. Aber jedem Menschen wohnt ein Mindestmaß an schöpferischer Kraft inne, und sei es auch nur ein Kern, der zum Keimen gebracht werden muss. Dieser Kraft sollte er sich bewusst werden. Ich spüre, Peter, dass Du einen guten Weg eingeschlagen hast, der Dich weiterführt.

Lesen wir die Biografien Erfolgreicher, fällt besonders eine Übereinstimmung auf: Die meisten von ihnen trauten sich von Anfang an sehr viel zu und sie hatten ein klar umrissenes Ziel vor Augen. Wer sich dagegen in seinem Dasein wie Treibholz im Strom verhält, kann kein Ziel erreichen. Sein Leben bestimmen mehr Zufälle und Zufälle können sowohl Glück als auch Pech bedeuten. Die Bereitschaft und Entschlossenheit, gegebenenfalls auch gegen den Strom zu schwimmen, gehören zu den wichtigsten Voraussetzungen eines Lebens, das gelingen soll. Das setzt aber auch Training voraus und abermals Training, Zielsetzung und Selbstvertrauen. Diese Qualitäten sollten bereits in der Kindheit geweckt, entwickelt und vor allem gepflegt werden.

Eine wesentliche Hilfe zur Stärkung des Selbstbewusstseins kann eine einfache Gebetsweise und zusätzlich eine bewährte psychologische Methode leisten. Nach notwendigen Reinigungsprozessen entsteht ein positives Selbstbild der eigenen Persönlichkeit. Ein idealer Entwurf stellt sich uns vor Augen, vielleicht sogar als Vision der Gestalt, zu der man sich entwickeln möchte. Es ist lohnend, reizvoll und faszinierend, an allen Details dieses Bildes zu arbeiten, es zu vervollkommnen und seine erfreulichen Auswirkungen zu verfolgen. Eine kleine Begegnung im Alltag – vorausgesetzt, wir nehmen sie wahr und wichtig – kann zu willkommenen Kettenreaktionen führen.

Ein Mensch, der sich auf dem Weg der Entwicklung zu sich selbst und damit zu Gott befindet, besitzt eine immer intensiver werdende Anziehungskraft und erreicht durch Hilfe und Unterstützung anderer leichter sein Ziel als jemand, der es einzig und allein auf intellektuelle Weise versucht.

Ich führte mit Mitarbeitern, von denen ich glaubte, sie ungerecht behandelt zu haben, viele Gespräche. Irgendwann öffnete sich auf wunderbare Weise eine Tür, die für immer verschlossen schien. Wo ich es vermochte, entschuldigte ich mich nicht nur, sondern stellte auch einen materiellen Ausgleich her.

Die Finanz- und Ertragslage der Firma wie auch ihr Profil verbesserten sich merklich. Als ich einmal in Mutters Beisein eine etwas abfällige Bemerkung über Geld machte, reagierte sie sehr empfindlich.

Du hast des Öfteren eine abfallende Bemerkung über das Geld gemacht, besonders immer dann, wenn ich mit Dir über die Absicherung im Alter und über das Erbe sprechen wollte. Ich möchte einmal kurz in diesen Zeilen aussprechen, was ich darüber denke – ohne von Dir vorzeitig unterbrochen zu werden.

Ist Dir durch Erbschaft, durch eigenen Erfolg oder in Deinem Beruf Geld anvertraut, so trägst Du damit eine nicht zu unterschätzende Verantwortung. Kein Mensch kann mit Geld richtig und nutzbringend umgehen, wenn er es verachtet. Auch kann er es nicht verdienen oder an sich heranziehen, wenn er es nicht wertschätzt. Viele Menschen bleiben in Armut, weil sie sagen: »Das Geld bedeutet mir nichts und ich verachte jene Menschen, die es haben.« Der Mensch muss mit etwas in Harmonie sein, um es zu bekommen. Ist Geld denn nicht auch ein Ausdruck einer Gabe Gottes, ein Ausdruck als Freiheit von Not und Beschränkung?

Geld muss in Umlauf gehalten und richtig verwendet werden. Geld ist an sich gut und segensreich; wenn es jedoch zu vernichtenden Zwecken gebraucht wird, bringt es Verlust, Unheil, Krankheit und Tod. Dies sind ein paar kurze Gedanken von mir. Am liebsten würde ich Dir noch über den Geiz etwas schreiben, die Wurzel vieler großer Übel. Doch das gehört nicht mehr hierher.

Durch mein erfolgreicheres Engagement näherte ich mich einer Situation, die es mir vielleicht ermöglichen würde, aus dem Betrieb auszuscheiden. Mein Ziel war es, einen menschlich und fachlich qualifizierten Geschäftsführer zu finden, der nicht nur meine Arbeit übernehmen, sondern auch wesentlich besser sein sollte als ich. Als ich zu Mutter davon sprach, war sie zu meinem Erstaunen nicht mehr ablehnend wie früher, sondern offen und bejahend. Der neue Geschäftsführer, Alfons König, bat bei seiner Festeinstellung darum, ich möge noch zwei bis drei Jahre an seiner Seite bleiben, um ihm die Einarbeitung zu erleichtern.

Mutter, deren Glaube grundgelegt war, musste starke Erschütterungen und seelische Belastungen über Jahre ertragen. Da sie all ihre Hoffnungen auf mich gesetzt hatte, wurde sie bitter enttäuscht, doch wurde sie bei allem, was sie seelisch durchmachen musste, letztlich von einer Glaubenskraft getragen, die sie immer wieder inständig erfleht hatte. Als sie ab 1971 miterlebte, welch gute und wunderbare Veränderungen das Ruhegebet bei mir bewirkte, entschloss sie sich zwei Jahre später dazu, auch diese so einfache Gebetsweise zu erlernen.

Wenn ich im Spätherbst bei einbrechender Dunkelheit aus der Stadt nach Hause gehe, so ist es erfreulich, zu sehen, wie sich innerhalb der Fensterreihen die Lampen entzünden. Ich schaue dann gern in die freundliche Helle und denke an mein eigenes Zuhause. Ist es nicht ähnlich mit unserer Innerlichkeit, wenn uns inmitten der sich ständig verändernden Welt ein Licht aufgeht, das seine Quelle im Unveränderlichen hat und wir unsere ureigenste Heimat erspüren?

Ich bin unendlich dankbar, dass ich durch Dich einen Weg finden durfte, der mir eine solche Erfahrung offenbart. Das Stillsein, eine Frucht des Ruhegebetes, schenkt mir tiefgreifende Erkenntnis, Klarheit und Heiterkeit der

Seele. Ich betrachte dies alles als große Gnade, die mir verliehen wird. Ein Bild möge Dir diesen, meinen inneren Zustand ein wenig beschreiben. Wenn der Wind nachlässt, beginnen die aufgebrachten Wogen des Meeres sich zu glätten und alles wird eben. Mir ist, als ob ich dann auf der ruhigen Fläche des Meeres schweben würde.

Sorgen und Kummer, die vorher wie ein Berg auf meiner Seele lagen, sind durch die Stille der Seele abgetragen und es ist etwas in sie hineingeflossen, das meinen dauernden Schmerz geheilt hat. Durch die Hingabe im Gebet hat sich ein Teil meiner ureigensten Natur vervollständigt. Dieser Weg – und da bin ich ganz sicher – muss einmal zur Vollendung führen.

Die Liebe Gottes vereint sich mit der Liebe des Menschen – vorausgesetzt, der Mensch lässt es zu – und diese neue Liebe im Herzen des Menschen wächst und wächst bis in die Unendlichkeit. Der Wille Gottes und der des Menschen vereinen sich, ebenso die Liebe, die es uns jetzt in diesem Zustand ermöglicht, mit einem liebenden Blick des Herzens die ganze Welt zu umfassen.

Unser ganzes Leben sollte darauf gerichtet sein, unser Tun, Reden, Denken und Fühlen mit Gott zu vereinen und uns durch ihn von innen heraus wandeln zu lassen. Unser Bewusstsein erweitert sich und die wahre Bestimmung unseres Dasein stärkt nicht nur unsere Persönlichkeit, sondern äußert sich auch in alldem, was wir tun oder nicht tun. Welch wunderbarer Zustand wird einmal eintreten, wenn unser Gebet zu einem fortwährenden Gebet geworden ist.

Die zweite Wende:
Das Ruhegebet

Zur Einübung in das Ruhegebet begleitete ich Mutter zu einem Kloster in Süddeutschland. Wir verbrachten eine Woche dort, sowohl äußerlich als auch innerlich in einem tiefen Frieden. Ich konnte es kaum fassen – obgleich ich es an mir selbst erlebt hatte –, dass die auf Gott ausgerichtete Ruhe bei Mutter schon sogleich eine große Wirkung zeigte. Sie fühlte sich von Tag zu Tag wohler und machte mit dem Gebet Erfahrungen, die sie teilweise in ihrem Blauen Buch festhielt. Da beim Ruhegebet als Erstes ein Befreiungsprozess stattfindet, lösten sich bei ihr nach und nach tief verwurzelte Sorgen, die sie unverarbeitet nun schon fast zehn Jahre nach Vaters Tod mit sich herumtrug. Ihre Eintragungen sprechen eine neue Sprache und sie versteht es, den seelischen Ablösungsprozess in anschaulichen Bildern darzustellen.

Heute ist mir klar geworden, welch durchdringende Kraft die Gedanken haben. Als Du nach Vaters Tod eigene Wege gingst, die nicht meinen Vorstellungen, die ich von Dir hatte, entsprachen, habe ich Dich ständig mit meinen Gedanken verfolgt und Dich wahrscheinlich durch sie gehemmt oder gar gefesselt. Ich dachte damals, etwas Gutes damit zu tun, um Dich vor falschem und nicht gutem Einfluss durch andere Menschen zu bewahren. Wenn dies aus reinem Herzen und zu Deiner Unter-

stützung geschehen wäre, hätte ich Dich dadurch auf Deinem Entwicklungsweg fördern können. Das war aber nicht so. Ich musste durch bittere Erfahrungen hindurchgehen und wohl erst diese wunderbare Gebetsweise des Ruhegebetes kennenlernen, um die folgenden Aussagen lebenswahrhaftig formulieren zu können: Gedankenwellen sind viel mächtiger als Wellen von Sprache und Tätigkeit. Ich kann durch sie sowohl Leben unterstützend als auch zerstörend wirken. Durch jeden Gedanken, jedes Wort und jede Tat rufen wir eine bestimmte Wellenbewegung in der Atmosphäre hervor. Dies bedeutet für mich eine große Verantwortung, die von mir verlangt, mein Gewissen zu klären und alles zu versuchen, die Quelle meiner Gedanken wie auch mein Herz zu reinigen. Ich möchte das Leben anderer und mein eigenes Leben durch Aufrichtigkeit und Wahrhaftigkeit in meinem Verhalten und Benehmen unterstützen. Ich möchte in ganz besonderer Weise Dein Leben, Deine Entscheidungen, Dein Denken und Tun nicht nur durch gute Gedanken meinerseits, sondern auch durch das fürbittende Gebet begleiten.

Der Geschäftsführer übernahm nach einer kurzen Einarbeitungszeit bereits einen großen Teil der Verantwortung.

Ich konnte es nicht abwarten, auch anderen Menschen das Ruhegebet nahezubringen. Doch hinderten mich vorerst noch zwei Umstände daran, aus dem Betrieb auszusteigen, um einem lang ersehnten Ziel entgegenzugehen.

Herr König bat mich, noch ein Jahr zu bleiben, bis er richtig Fuß gefasst habe. Auf der anderen Seite war es Mutter, die plötzlich eine neue Aufgabe erfüllen musste.

Begleitung in eine »neue Welt«

Es war im Frühjahr 1974. Mutters Schwester in Amerika, die einige Jahre zuvor ihren Mann verloren hatte, erkrankte schwer und benötigte Hilfe. Sie rief nach Mutter. Und Mutter ließ alles stehen und liegen und flog sofort in die Staaten. Sie blieb einige Monate fort, sodass ich die Aufgabe hatte, nach ihrem Haus, ihren Blumen, ihrem Garten und ihrer Post zu sehen.

Peter, ohne das Ruhegebet hätte ich nicht die Kraft, so lange und selbstverständlich Hilfe zu leisten – und das weitab von Zuhause. Viele Stunden täglich verbringe ich im Krankenhaus, um Linchen bei ihrer schweren und mit viel Angst verbundenen Lungenkrankheit Trost und Heimat zu geben. Wenn sie vor Erschöpfung schläft, finde ich viel Zeit, das Ruhegebet zu üben, das mir zu einem unersetzlichen Begleiter geworden ist.

Kann es sein, dass mir ein transzendenter Vorgang geschenkt wurde? Es ist mir so, als ob ich eine Kurve gezogen hätte in einen Bereich hinein, der mir bisher völlig unbekannt war. Es war vor einigen Tagen und ich kann seither sagen, dass ich wohl zu einer anderen Begriffsstufe übergewechselt bin. Dieser Wechsel schafft eine gewisse Neuordnung in mir. Es ist mir durch Erfahrung bewusst geworden – und das ist etwas ganz anderes, als es nur zu wissen –, dass in allen Menschen, ja, in allen Wesen ein Funke Gottes lebendig ist. Ich erlebe hier, wie vie-

le Menschen ihre guten Energien vergeuden, indem sie schlechte Gedanken haben, eifersüchtig oder gehässig sind. Sie lassen es auf sehr grobe Weise die Mitmenschen spüren oder sprechen es sogar noch aus. Selbst Linchen in ihrer schweren Krankheit wird davon nicht verschont. Es werden schon Spekulationen über ihr Erbe laut ...

Früher bin ich alldem schweigend ausgewichen und habe mich zurückgezogen. Heute bleibe ich fest in mir und empfinde diesen Menschen gegenüber Mitleid, weil ich sehe, dass das, was sie denken und tun, ihrem eigentlichen göttlichen Wesen nicht entspricht. Ja, ich greife sogar ein, um Linchen neue Aufregungen zu ersparen. Wenn es mir gelingt, bei mir selbst »wohnen« zu bleiben, berührt mich alles Unangenehme, das von diesen Menschen ausgeht, nicht mehr so stark. Doch sehe ich, wie das Eigentliche ihres Wesens überschattet wird, ja, sogar zerfällt. Wenn das Gute im Menschen weder angesprochen noch bewegt wird, kann es sich auch nicht entfalten und wachsen. Eine auf Gott ausgerichtete Strebekraft muss hinzukommen, damit der Mensch wirklich zu dem werden kann, wie er vom Schöpfer gedacht ist. Viele Menschen, die mir begegnen, wirken auf mich wie ein harter Stein, isoliert und kalt. Ist es fehlende Liebe und sind es Enttäuschungen, die so etwas bewirken?

Jeder Mensch braucht Liebe und hat den anderen Menschen unendlich nötig. Viele denken tatsächlich, das Notwendigste sei, sich zu ernähren und sich fortzupflanzen. Dabei haben sie kein Gespür für die geistigen und geistlichen Werte entwickelt. Oft wissen sie nicht einmal darum.

Haben nicht diejenigen eine große Verantwortung, die bereits aus dem Quell ewigen Lebens getrunken haben und somit zu Wissenden geworden sind! Sie haben die Aufgabe, diese Quelle bei sich nicht versiegen zu lassen und sie bei anderen wieder zum Sprudeln zu bringen.

Die einmal erkannte Wahrheit ist in uns und nicht außerhalb von uns, jenseits unseres Ichs. Wenn der Mensch mitten in all seinem Tun zur Ruhe kommt und meditiert, kann die Lebenssaat und mit ihr die Wahrheit viel tiefer in das Innere des Menschen eindringen und Frucht tragen. Menschen, die dies erfahren und erkannt haben, werden zu Brückenbauern, die mit der Kraft des Heiligen Geistes in der Lage sind, die zum Teil innerlich zerstörten individuellen Welten und auch unsere angeschlagene große Welt wieder mit der heilenden, schöpferischen, göttlichen Welt zu verbinden.

Als Mutters Schwester aus dem Krankenhaus entlassen und ihren Haushalt wieder allein führen konnte, kam Mutter nach Deutschland zurück. Sie hatte, wie sie sagte, eine wesentliche Erfahrung gemacht: Je mehr von ihr bei der Krankenpflege gefordert wurde, eine umso größere Ruhe benötigte sie, um dieser enormen Herausforderung standzuhalten.

Ich bewundere die Menschen, die gleichzeitig Ruhe und Autorität ausstrahlen. Für den, der nicht die Veranlagung dazu besitzt, ist eine solche Ausgewogenheit schwer zu erreichen, es sei denn, er pflegt täglich die Einübung in die eigene innere Ruhe. Ich darf meine Erfahrung in allgemeine Worte fassen: Wer den Weg kennt, ihn wertschätzt und ihn auch geht, wird unweigerlich zum Ziel gelangen.

Äußerlichkeiten wie Ehre, Macht und Ruhm spielen dabei keine Rolle. Erkenntnisse sind jederzeit möglich und so auch die Konsequenzen, die wir daraus ziehen sollten. Ich bin sehr dankbar, dass mir noch Lebenszeit geschenkt wird, die ich nutzen kann, um einiges gerade zu stellen und einzulenken. Doch dazu muss ich mich immer wieder in die Ruhe zurückziehen, um spontan und richtig denken und handeln zu können.

Allzu oft nur habe ich aus Ungeduld gehandelt und das Ziel verfehlt. Ruhe und Geduld dagegen versprechen, dass wir das vor uns liegende Ziel eher erreichen. Dazu dürfen wir uns jedoch den Hobel niemals aus der Hand nehmen lassen und untätig werden. Ich bin sicher, dass Gott uns nicht mehr auferlegt, als wir tragen können. Bei allem, was wir tun, ist er uns sehr nahe und greift zur rechten Zeit ein.

Im Frühjahr 1975 wird Mutter wegen eines akuten Rückfalls ihrer Schwester erneut nach Amerika gerufen. Sie fliegt umgehend. Ich bringe sie nach Frankfurt. Als sie sich zum Einchecken von mir verabschiedet und ich ihr viel Kraft für diese schwere Aufgabe wünsche, sagt sie: »Was soll denn schon passieren, ich habe das Ruhegebet im Gepäck!«

Von Zeit zu Zeit höre ich, wie im Garten des Krankenhauses ein kleiner Vogel einen freudlosen Schrei ausstößt. Er trifft etwas Gleiches in mir und ich spüre das Ineinanderfließen, das mit Wehmut verbunden ist. Ich gehöre nicht in dieses Land, doch meine Schwester braucht mich – weil ich ihr ein Stück Heimat gebe und sie an mei-

ner Seite besser loslassen und sterben kann. Ob sie mein Heimweh spürt? Wir sprechen nicht darüber. Sie hat es gern, wenn ich ihre Füße streichle. Höre ich auf, bittet sie wortlos darum, fortzufahren.

Gern gehe ich zwischen den Besuchen im Krankenhaus in die Einsamkeit, um das Gebet der Ruhe zu üben. Und ich spüre, wie neue Kraft mein ganzes Sein durchflutet. Dieses Stillsein lehrt mich viele Wege, die ich bisher nicht kannte, und schenkt mir tiefere Einsichten, die ich selbst durch anstrengendes Denken niemals erreicht hätte. Manchmal scheint es mir, als ob ich mich über mich selbst hinaus erheben würde. Dies alles ist weitaus mehr als ein Trost für einen Augenblick. Welch bessere Unterstützung für meinen Dienst hätte mir der Schöpfer schenken können!

Nach zwei Monaten wird es besser. Mutters Schwester wird noch einmal entlassen, ein letztes Mal. Besorgt und um das Kommende wissend, kehrt Mutter nach Hause zurück. Doch ein richtiges Ankommen gelingt ihr nicht, da sie innerlich immer wieder bei ihrer Schwester weilt. Sie muss viel von ihren Erlebnissen erzählen, um diese Eindrücke loszuwerden. Ich höre ihr zu und bin einerseits erschüttert über das, was sie berichtet, andererseits aber auch erstaunt darüber, was diese Frau alles zu leisten imstande ist. Ein gepackter Koffer mit dem Nötigsten steht abflugbereit in ihrem Ankleidezimmer. Anfang August kommt der Hilferuf aus dem Krankenhaus in York. Vierzig Jahre nach Mutters erstem abenteuerlichen Besuch in Amerika fliegt sie jetzt zum letzten Mal in die USA, um ihrer Schwester im Todeskampf beizustehen.

Es ist wahnsinnig schwer, einem Kranken neuen Mut zuzusprechen, an den man selbst nicht glaubt. Sollte ich lieber schweigen oder die Wahrheit sagen? Ich glaube, dass es individuell sehr verschieden ist, was ein Mensch am Ausgang seines Lebens vertragen und verarbeiten kann. Wie unerbittlich ist doch das Leben! Ich sehe, wie es bei Linchen dahinschwindet; sie hat nicht einmal mehr die Kraft, zu sprechen. Im Angesicht des nahen Todes ist so viel bedeutungslos geworden.

Ich schaue auf die Nachttischlampe. Wenn ich auf den Knopf drücke, spendet sie Licht. Wie wichtig ist es, dass einem Sterbenden von überall her Licht und Liebe zufließen, die ihm die Angst vor dem Ungewissen nehmen. Ich staune, wie hoffnungsfroh und liebevoll hier im Krankenhaus von York die Pflegerinnen und Pfleger sind. Jeder Augenblick setzt sich zusammen aus dem Atemholen und schweren Seufzern. Ich halte ihre Hand und habe den Eindruck, dass es sie beruhigt, doch weitaus mehr noch, wenn ich in dieser stillen Haltung das Ruhegebet bete. Eines kommt zum anderen und es scheint mir, als ob wir uns alle gegenseitig stützten, um die immer schwerer werdende, lichtspendende Fackel hochzuhalten.

Es dauert Wochen, bis Mutters Schwester von ihren entsetzlichen Qualen, nicht mehr Luft holen zu können, erlöst wird. Mutter, jetzt 65 Jahre alt, leistet alles Notwendige. Die Verstorbene liegt beim Bestatter auf einem Sofa in einer Art Wohnzimmer mit einer großen Scheibe. Wer möchte, tritt ein, um mit einem Getränk in der Hand Abschied zu nehmen. Andere fahren langsam mit dem Auto an der Scheibe vorbei und grüßen. Im Hintergrund läuft eine leise Musik. Mutter, als nächste Verwandte, muss alles im amerikanischen Stil über sich ergehen lassen und seufzt. Nach der Beisetzung bleibt sie noch so lange in York, bis sie die Wohnung aufgelöst hat und die notariellen Erbschaftsangelegenheiten geregelt sind. Ich hole sie vom Flughafen in Frankfurt ab. Ihr Gepäck besteht aus zwei Koffern. In dem einen hat sie persönliche Dinge ihrer Schwester, Erinnerungen an eine Ära, die nicht länger als fünfzig Jahre währte.

Jeder Tag ist für mich äußerst wertvoll geworden. Seit der Tod einmal wieder in unsere Familie eingebrochen ist, weiß ich umso intensiver, dass ich leben muss. Ich versuche, jeden Tag so zu leben, als wäre es der erste, und gleichzeitig, als wäre es der letzte – und das, meiner Meinung nach, in einer gesunden Heiterkeit. Beschert mir das Leben eine Zitrone, bin ich bestrebt, einfach eine Limonade aus ihr zu machen. Wenn ich allerdings mit dem Gang der Dinge nicht fertigwerden kann – und das habe ich durch das Ruhegebet gelernt –, lasse ich sie selbst mit sich fertigwerden.

Die Ruhe hier zu Hause und das Stillwerden und Stillsein im Gebet tun mir außerordentlich gut. Ich sehe beides als große Gnade an und danke Dir, dass Du mir das Ruhegebet nahegebracht hast. Das Gebet unterstützt außerordentlich den Abbau von jeglichen Spannungen. Wenn die Affekte weichen, dann wird alles eben und der Geist schwebt auf einer ruhigen Fläche. Es ist eine wunderbare Erfahrung der inneren und äußeren Ruhe, die ich da machen darf. Ich lerne, das Leben in größeren Zusammenhängen zu betrachten, wobei auch meine Vergangen-

heit und Jugend an Bedeutung gewinnt. Vor allem aber wird der gelebte Augenblick reicher. Ich stelle fest, dass ungute Tagesereignisse mich nicht mehr so stark beeindrucken oder gar erdrücken. (Darunter habe ich ja immer sehr gelitten.) Vieles erlebe ich als Echo dessen, was ich selbst früher einmal in Gang gesetzt und getan, ja, sogar gedacht habe. Wenn meine Geduld, meine Ausdauer und meine Kräfte zu Ende gehen, spüre ich, dass eine Macht eintritt, von der ich mich ganz und gar getragen fühle. Es ist ein Gefühl, wie es ein Kind haben kann, das von seiner Mutter auf den Armen getragen wird, wissend, dass ihm nichts passieren kann und dass alles gut geht.

Als reichen Segen erlebe ich eine gewisse Heiterkeit, die mir seit Vaters Tod abhandengekommen zu sein schien. Schmerz berührt nach wie vor meine Seele, aber er nimmt mich nicht mehr ganz und gar in Besitz. Wenn mich etwas schmerzlich berührt wie jetzt Linchens Tod, so geschieht dies nicht mehr wie früher allumfassend durchdringend und lange anhaltend, sondern wesentlich erträglicher und vor allem kürzer. Ich habe all die bitteren Jahre niemals geglaubt, dass sich mein Leben noch einmal so erfüllend gestalten und sich zum Licht hin wenden würde. Dein Weg, den Du in den letzten Jahren gegangen bist, das Gebet der Ruhe, das ich täglich übe, und Gottes Gnade haben wesentlich dazu beigetragen, dass es mir jetzt so gut geht. Und ich kann mir vorstellen und glaube fest daran, dass mein Leben sich noch mehr festigt und weiter zum Licht hin entwickelt.

Loslassen

Mutter hatte sich zu Hause wieder eingelebt und fühlte sich wohl. Solange sie in Amerika war, versprach ich ihr, noch in der Firma und in Rheine zu bleiben. Drei Jahre nach der Einstellung des mit großem Erfolg arbeitenden Geschäftsführers konnte ich ihm mit unbelastetem Herzen und Gewissen die volle Verantwortung übertragen und mich allmählich aus dem Betrieb zurückziehen. Jetzt öffneten sich endlich die Tore für mich. Vorübergehend schloss ich mich einer Meditationsgemeinschaft an und ich war von dem menschlichen Zusammenhalt und der Nächstenliebe so begeistert, dass ich im Haus meiner Großeltern, in dem ich in Rheine lebte, ein Meditationszentrum eröffnete. Nach und nach reduzierte ich, wie abgesprochen, meine Arbeitszeit in der Firma, bis ich dann im Herbst 1975 meine Arbeit dort beendete. Eine unendlich große Last war von meinen Schultern gefallen und ich fühlte mich frei.

Sehr froh bin ich darüber, dass Du vor Deinem Weggang aus der Firma Herrn König als Geschäftsführer eingestellt hast. Es war und ist eine gute Wahl! Ich schreibe dir diesen Brief, nicht um Dich zu beschweren – wie ich es manchmal, auch unbewusst tat –, sondern um Dich zu entlasten und zu befreien.

Ich habe etwas sehr Trauriges innerhalb unserer Familie erlebt, nicht im Sinne eines Schicksalsschlages, son-

dern etwas wirklich Unverschämtes. Zu Deiner Beruhi-
gung: Es hat absolut nichts mit Dir zu tun. In meiner
überaus großen Betroffenheit und dem damit verbunde-
nen Kummer, mit dem ich nicht allein fertig wurde, bin
ich in Deiner Abwesenheit zu Herrn König gegangen. Ich
habe ihm im Vertrauen den Vorfall erzählt und um sei-
nen Rat gebeten. Du kannst Dir nicht vorstellen, wie viel
Zeit er sich genommen hat, wie er nachfragte, um alles
genau zu ergründen, wie verständnisvoll und entgegen-
kommend er zu mir war, wie er meinen Rücken und mein
Selbstbewusstsein gestärkt hat und wie er zudem mir
noch schlagende Gegenargumente an die Hand gab. Ich
habe mich ganz herzlich bei ihm bedankt – auch in Dei-
nem und Vaters Namen. (Das durfte ich doch?)

Die stets gleichbleibende Freundlichkeit und Hilfsbe-
reitschaft dieses Mannes ist einmalig. Durch das aufbau-
ende Gespräch bin ich der festen Überzeugung, dass auch
diesmal die dunklen Wolken wieder vorüberziehen. Um
auch Herrn König den Rücken zu stärken, habe ich ihm
gesagt, dass ich alles tun wolle, um den Fortbestand der
Firma zu sichern.

Als Du noch in der Firma warst, habe ich – Dich maß-
los überfordernd – all das von Dir erwartet. Ich habe
nicht geglaubt, dass ein Fremder sich so gut einfinden
und einfühlen kann – und das alles in einer guten, liebe-
vollen Distanz, die zwischen uns beiden niemals möglich
gewesen wäre.

Ich fühlte mich frei, besonders Mutter gegenüber, denn
auch sie ließ mich mehr und mehr los. Ich verdanke dies
nicht zuletzt dem Ruhegebet, das sie hütete und pflegte

wie ihren Augapfel. Manchmal las sie mir bei meinen Besuchen etwas aus ihrem Blauen Buch vor, natürlich nur ausgewählte Passagen, die sie für den Augenblick passend hielt. Früher hatte es so etwas überhaupt nicht gegeben. Ich staunte und staune über die Worte, die sie gefunden hat, um ihre innerliche Befindlichkeit, die Vorgänge beim Beten und die damit zusammenhängenden Veränderungen zu beschreiben.

Oft bin ich sehr einsam, sitze da und denke über alles nach. Allzu leicht nur nehmen die dunklen Gedanken überhand und sie beginnen, mich ganz zu besetzen. Doch dann greife ich zu einem wunderbaren Mittel, der Meditation. Dabei übe ich das Loslassen aller Gedanken. Ich lasse alles geschehen, was geschehen will – im Wissen, dass in dieser Stille letztlich nur Gutes geschehen kann. Es ist wirklich erstaunlich: Diese Meditation, genauso gut kann ich auch Gebet sagen, hilft spontan, aus der Dunkelheit einengender und bedrohender Gedanken und Vorstellungen herauszukommen. Alles Grübeln und Überlegen, was die Zukunft bringen wird, hört ganz von selbst auf und ich überlasse mich dem Augenblick.

Ist ein wenig Ruhe eingetreten, wird alles gelinder. Ich nehme mir zum Gegenstand meines Denkens, was mir das Heiligste ist. Besitzt nicht jeder Mensch etwas – und wenn es nur ein Hoffen oder eine Sehnsucht ist –, das er nur schwerlich anderen gegenüber ausdrücken, für sich jedoch innerlich in ein oder zwei Worte fassen kann? Dieses, mein zutiefst persönliches Geheimnis ist frei von jeglichem Anhängsel der gewöhnlichen Welt, es schenkt mir in der stillen innerlichen Wiederholung eine tiefe Ruhe und gleichzeitig eine lichte Heiterkeit der Seele. Die Zeit, die ich mit diesem Gebet verbringe, wird mir nie langweilig, im Gegenteil: Sie vergeht viel zu schnell.

Wenn ich niedergeschlagen, rat- und hilflos bin, ziehe ich mich zurück in die Stille, setze mich bequem und schließe die Augen. Ich nehme innerlich mein Wort auf, das mich schon bald in eine tiefe Ruhe führt, die ich nicht mit Worten ausdrücken kann. Ist es Musik, die in mir klingt? Ich weiß es nicht. Diese Zeit des Betens möchte ich nicht mehr missen, sie ist die schönste meines ganzen Tages. Manchmal steigen Erinnerungen auf, die teils sehr angenehm und heiter sind, aber auch von trauriger Natur sein können. Ich lasse sie zu, indem ich sie weder an ihrem Kommen noch an ihrem Gehen hindere. Manchmal kommt mein Gebetswort während der Meditation wie eine brausende Flut, dann wieder beruhigt es sich und fließt dahin wie eine leichte verspielte Welle. Nach einem solchen Wechselspiel tritt dann in meinem Inneren wieder Ruhe und Gelassenheit ein. Woher kommen diese Höhe und diese Tiefe? Ich frage nicht weiter nach und lasse es geschehen wie in der Natur, wo sich Regen, Sturm, Sonne und Wind einander abwechseln.

Nach dem Gebet fühle ich mich gelöst und froh; ich gehe dann meinen gewohnten Weg in Gelassenheit weiter.

Noch im Herbst zog ich aus Rheine fort und gründete mit der Meditationsgruppe ein aus meiner Sicht interreligiöses Zentrum in Schledehausen, in der Nähe von Osnabrück. Im Nachhinein möchte ich sagen, die Stimmung und die Atmosphäre waren zu euphorisch. Außenstehende, zu denen in diesem Fall auch Mutter gehörte, haben das klar erkannt. Ich habe mich engagiert und vornehmlich religiös-christliche Vorträge gehalten und in die Meditation eingeführt. Mutter war alldem gegenüber sehr zurückhaltend, hat aber ihr Missfallen niemals geäußert. Erst jetzt habe ich ihre damaligen Aufzeichnungen vom November 1975 gelesen. Es fasziniert mich, wie klar sie die Zusammenhänge sieht und vor allem, wie treffsicher sie eine Prognose stellt.

Peter ist auf einem Weg, auf dem die Schmerzen der Bereinigungen nicht ausbleiben werden. Gestärkt sowohl durch Gewesenes als auch durch das Ruhegebet, werde ich nicht mehr vor etwas fliehen, sondern ihm klar und unverblümt meine Empfindungen und Meinungen sagen. Ich werde mich auch meiner vielen Erinnerungen stellen. Im Übrigen habe ich Briefe und kurze Notizen als Hilfe, denn ich schrieb bisweilen einiges, das mich bewegte, in mein Blaues Buch, sodass ich mich in den wichtigen Dingen nicht täuschen kann.

Peter hat mir heute die Bilder von Schledehausen gezeigt. Es ist wirklich eine große Anlage. Es hat ihn bestimmt viel Nerven gekostet, mir zu sagen, dass er dort ein Meditationszentrum aufbauen will. Er hat gespürt, dass ich mit diesem Schritt von ihm nicht einverstanden bin. So waren auch seine Worte für mich wie ein Messer, das tief in mein Gewebe eindrang. Wie kann ich nur mit Peter über das schreckliche Geheimnis des Zusammenpralls von Gut und Böse sprechen, wie vom Missverstehen der Liebe, vom unerfüllbaren Anspruch zwischen Mensch und Mensch, wie vom Schatten der Schuld?

Mit der Zeit habe ich eine überfeine Witterung für auflaufende Probleme und für sich offenbarende Schattenseiten erhalten; ebenso aber auch für Unbelastetes und Lichtvolles. Ich habe vor, bei passender Gelegenheit ihm Folgendes zu sagen oder zu schreiben – ich muss es einfach tun und kann es auch: Du wirst es sehr schwer haben in Schledehausen. Leider hast Du nicht die richtigen Menschen, mit denen Du dieses Werk beginnst aufzubauen. Ich glaube auch, dass Dein Weg Dich bald in tiefere Glaubensdimensionen unseres Christseins führen wird. Du wirst einiges bereinigen müssen, das vorübergehend arge Schmerzen bei Dir verursacht. Ich gebe Dir zwei Jahre, denn dann wirst Du so weit sein, dass Du größere Zusammenhänge erkennst und Dein Leben noch einmal eine Wende nimmt. Durch Leiden, in das Du vorerst eingebettet bist, wirst Du höhere und für Dein Leben wesentlichere Ziele erkennen, alte zurücklassen und ihnen folgen. Ich möchte nicht in Deinen Reifungsprozess, in Deine Gedanken, Deine Gefühle und Deine Erlebnisse eingreifen oder, wenn Du willst, in die Fülle Deines Lebens, die Du im Herzen trägst.

Beim Schreiben dieser Worte empfinde ich ein Gefühl von Weite und Entspannung, was mir unendlich guttut – habe ich doch die Gewissheit, dass das Meditationszentrum nur einen Übergang für Dich bedeutet. Beim Schreiben dieser Worte habe ich mich gleichzeitig entschlossen, sie Dir weder mündlich noch schriftlich mitzuteilen, es wäre ein unpassender und störender Eingriff in Dein Leben. Durch Dein Bewusstsein, das mehr und mehr Wahres und Göttliches in sich aufnehmen möchte, werden sich Dir entsprechende Wahrheiten offenbaren. Du bist in der Lage, selbst das Leben einzusehen und Zusam-

menhänge zu erkennen. Du kannst selbst sehen, anfassen, riechen, schmecken und hören.

Für mich ist Schledehausen, wie ich es sehe und schon geäußert habe, ein Lernprozess für Dich. Wenn Du ihn hinter Dir hast, wird auch vieles an Ballast, den Du mit Dir herumträgst, von Dir abgefallen sein. Dieses Feld des Meditationszentrums wirst Du wieder verlassen und ich freue mich schon auf die Zeit, es mitzuerleben.

Als ich merkte, wie mehr und mehr asiatische, ja, hinduistische Momente in der Meditationsbewegung Oberhand gewannen, spürte ich meinem christlichen Glauben gegenüber eine große Verantwortung; aber auch den vielen Menschen gegenüber, die zu mir zum Gespräch kamen. Christus ist der Mittelpunkt und die von ihm gespendeten Sakramente der Kirche – diese Wahrheit war ich als Laie nicht imstande, anderen in voller Konsequenz zu vermitteln. Nach dieser Erkenntnis wurde mein Engagement in der Meditationsbewegung schwächer.

Ich verweilte lange am Grab von Schwester Euthymia auf dem Zentralfriedhof in Münster und bat sie, mir bei einer neuen Entscheidungsfindung zu helfen. Die »Bekenntnisse« des Augustinus gaben mir Weisung und weiteten meinen Horizont; die »Selbstbiografischen Schriften« der Therese von Lisieux erfüllten mein Herz und die »Aufrichtigen Erzählungen eines russischen Pilgers« bestätigten meinen Gebetsweg. Ich wusste nach diesen teils glücklichen und erfüllenden Erfahrungen in Schledehausen – aber auch nach enttäuschenden Begegnungen –, dass immer noch, und jetzt verstärkt, der Priesterberuf auf mich wartete.

Seitdem Du – befreit von vielen Zwängen – konsequent nach dem einen Ziel strebst, das wohl schon über zwei Jahrzehnte in Deinem Herzen ruht, bist Du weitaus findiger im Ausnutzen von Gelegenheiten und im Verwenden von Wegen geworden, die Dich diesem Ziel näherbringen. Lange genug – und das nicht ohne mein Verschulden – hast Du Dich mitten auf Wegkreuzungen befunden, ohne zu wissen, in welche Richtung Du gehen solltest, vielleicht sogar auch ohne Antrieb, vorwärtszukommen. Hätte ich doch nur rechtzeitiger die schöpferischen Kräfte bei Dir wahrgenommen, die in der Tiefe Deiner Seele am Werk sind, anstatt die zerstörerischen, die zeitweilig von Dir ausgegangen sind!

Ich ziehe viel Kraft aus der Heiligen Schrift. Ich lese nicht viel, aber jedes Wort ist für mich fruchtbar; alles wird und ist so klar und einfach und ich erlebe Christus als absoluten Brückenbauer zwischen Himmel und Erde. Aus innerer Ruhe und Verbundenheit mit Gott auf die Menschen zugehen, um Licht und Liebe zu entfalten, gehört durchaus zum Wichtigsten auf Erden. Ich betrachte es als vordringliche Aufgabe, andere im Licht der Wahrheit miteinander zu versöhnen. Dabei geht es mir nicht darum, die Wahrheit zu entdecken, sondern sie zu schaffen und sie in aller Klarheit bei mir und anderen auszudrücken.

Als ich Pfarrer Löker fragte – ich hatte nach wie vor zu ihm einen guten Kontakt –, welchen geistlichen Begleiter er mir empfehlen könnte, nannte er spontan Johannes Bours, Spiritual des Priesterseminars in Münster. Inzwischen hatte ich das Meditationszentrum in Schledehausen verlassen und wohnte vorübergehend bei Mutter.

Steine auf dem Weg zum Priester

Ich schrieb mich an der Universität Münster im Fach Theologie zum Wintersemester 1977/78 ein und wohnte im Collegium Borromaeum, dem Bischöflichen Konvikt für Priesteramtskandidaten.

Nach dem Tag, an dem ich durch Dich Herrn Spiritual Bours kennengelernt hatte, schrieb ich die folgenden Worte in mein Tagebuch, die ich Dir jetzt weitergeben möchte:
»Sein Gesicht und sein Schritt, sein still gesenkter Blick, seine ruhig herabhängende Hand sprechen einen tiefen, unantastbaren Frieden aus. Seine Sprache sucht nicht nach Worten, sie ahmt nicht nach, sondern atmet sanft aus einer unsichtbaren Mitte und strömt eine tiefe, zu Herzen gehende Ruhe aus. Er ist ein Mensch, der der Vollkommenheit sehr nahe ist.

Seine Worte über die Herkunft des Leidens und über den Weg zur Aufhebung des Leidens berühren mich sehr. Ruhig und klar fließen seine stillen Worte.«

Zu Hause dachte ich noch intensiver darüber nach und wie leidvoll mein bisheriges Leben war und wie viel Leid noch immer in der Welt ist. Nachdem ich täglich durch die Stille des Gebetes in die Tiefe der Innerlichkeit gelange und dadurch Erlösung erfahre, glaube ich noch fester an den Erlöser und, dass er die Erlösung von allem Leid nicht nur verspricht, sondern bereits hier und jetzt in dieser Welt vollzieht.

Es gab auf meinem neuen Weg viele Widerstände, die mich davon abzubringen versuchten, Priester zu werden. Ich versuchte, neue Aufregungen und Misshelligkeiten von Mutter fernzuhalten, doch ahnte ich noch nicht, wie stark sie schon in absehbarer Zeit darin verwickelt sein würde.

Während der drei Semester, die ich in Münster studierte, brauten sich hinter meinem Rücken starke negative Kräfte zusammen, die dann im Herbst 1978 gewaltsam und gebündelt auf mich einstürzten. Selbst Mutter war zutiefst bestürzt, als sie erfuhr, dass eine Bekannte von ihr, die sie alle vierzehn Tage in einem kleinen Kreis traf, diese initiiert hatte. In einem Brief, in dem Mutter dieses Problem eher besänftigte als dramatisierte, versuchte sie, mich ein wenig zu beruhigen.

Sicherlich begegnen Dir auch Menschen, die ganz schön viel vom Leben erwarten: Beruflichen Erfolg, Wohlstand, Ansehen, Glück in der Liebe ... – all das glauben sie vom Leben verlangen zu dürfen, ohne selbst etwas dafür zu geben. Sie fühlen sich persönlich beleidigt, wenn das Leben nicht so mit ihnen umgeht, wie sie es sich wünschen. Andere dagegen stellen keine besonderen Erwartungen an das Leben. Sie greifen tatkräftig zu, wo sich ihnen Chancen bieten. Diese Menschen haben meistens Erfolg in dem, was sie anstreben. Sie setzen sich für ihre Mitmenschen ein und sind faire Partner. Deshalb liebt man sie.

Sie verstehen es – und dabei denke ich in besonderer Weise an Dich –, auch aus einer ungünstigen Situation möglichst das Beste zu machen. Ich staune, wie Du trotz

Deiner großen Enttäuschungen seitens der Kirche Deinen Weg zu ihr unbeschadet weitergehst. Noch immer kann ich nicht verstehen, warum Dir Frau J. C. so viele Hindernisse aufschichtet, die Deinen Weg zum Priestertum außerordentlich blockieren. Ich habe nie geglaubt, dass sie hinter Deinem, ja, auch hinter meinem Rücken, so unglaubliche Dinge beim Bischof von Münster gegen Dich vorbringt. Was das allerdings im Einzelnen beinhaltet, habe ich bis heute nicht erfahren. Bei unseren Treffen weicht sie mir aus, sodass ich bisher keine Möglichkeit hatte, unter vier Augen mit ihr zu sprechen. Vielleicht sollte ich es auch gar nicht tun, um nicht noch mehr Schmutz zu erzeugen. Ich denke, irgendwann – und wenn nicht in dieser Welt, dann in der kommenden – werden sich die Zusammenhänge offenbaren, sodass die Gründe offenbar werden.

Mir gefällt, und nur das bringt Dich weiter, dass Du alldem, was Frau J. C. gegen Dich und Deinen Entschluss, Priester zu werden, bei Bischof Lettmann vorbringt, nicht nachgehst und Dich zu rechtfertigen versuchst, sondern dass Du ungeachtet all dessen einfach zielgerichtet und konsequent weitergehst.

Es gab erhebliche Widerstände gegen meine Berufung – beispielsweise: Anklagende Briefe an Bischof Lettmann, Vorwürfe von früher entlassenen Mitarbeitern und Mitgliedern der Meditationsbewegung. Zu Fall bringen wollten mich auch zwei Frauen, die sich in den Kopf gesetzt hatten, mich als Ehemann zu gewinnen. All dies gipfelte in der Einberufung einer Verhandlung im Collegium Borromäum.

Zu vielem konnte ich klar und ruhig Stellung nehmen und meine Meinung ehrlich äußern. Sie war vielleicht zu ehrlich und vielleicht auch ein wenig provozierend. Ich wurde noch am gleichen Tag als Priesteramtskandidat gestrichen und des Borromäums verwiesen. Und das mit einer solchen Härte, wie Mutter und ich es der Kirche und ihren Vertretern nicht zugetraut hätten.

In der Verhandlung, die mich eher an eine inquisitorische als an eine menschliche erinnerte, unterstellte man mir, ich wolle hinduistisches Gedanken- und Kulturgut ins Christentum einschleusen und es somit zersetzen. Wie konnte ich beweisen, wie erfüllend und wie lieb mir Jesus Christus, seine Botschaft und Lehre, vor allem aber die Eucharistie geworden war, ja, das Christentum, die einzige Religion, in der Gott Mensch geworden ist und es im Geheimnis des Glaubens immer neu wird. Bei den unglaublichen Anschuldigungen, die man gegen mich vorbrachte, war es mir zu heilig, von diesem inneren Geheimnis zu sprechen.

Eine der intrigierenden Frauen ging sogar auf eine Weise vor, die ans Kriminelle grenzte. Da sie besonders auf Mutter, die mich eine Zeit versteckt hielt, Psychoterror ausübte, wird von ihr später noch einmal die Rede sein.

All diesem Ansturm war ich nicht mehr gewachsen. Jetzt war es neben meinem inneren Gebet und dem Empfang der Eucharistie vor allem Mutter, die mir Halt gab, indem sie mich auffing und mir – sie versuchte es wenigstens – auf liebevolle Weise Heimat schenkte. Noch in der Nacht nach meinem Rausschmiss aus dem Borromäum kam sie nach Münster, half mir, ohne viel zu reden, meine persönlichen Dinge und Bücher in ihr Auto zu laden, und brachte mich nach Hause.

Nach der Zurückweisung aus dem Priesterseminar in Münster habe ich sehr um Dich und Deine Existenz gebangt. Du warst völlig am Ende, hoffnungslos und schienst, entwurzelt zu sein. Ich hätte Dir so gern geholfen, doch konnte ich mich nur schweigend zurückziehen, Dir jedoch bewusst machen, dass ich zu jeder Zeit für Dich da bin. Meine Sorge um Dich war groß; ich bin nachts aufgestanden und habe an Deiner Tür gelauscht, ob ich Deinen Atem noch hörte. Du hattest die Firma nach zwölf Jahren verlassen und wolltest – verstehbar – nicht mehr zurück; Du hattest die Meditationsbewegung verlassen und wolltest nicht mehr zurück. Du hattest all Deine Hoffnung auf die Priesterausbildung in Münster gesetzt und konntest nach Deiner Ausweisung auch dorthin nicht mehr zurück. Ich habe große Angst gehabt, dass Du den Sinn Deines Lebens verlieren und unvorhersehbare Wege gehen würdest.

In Mutter, die nicht nur Schweres durch den Verlust von Vater mitgemacht hatte, sondern auch durch mich, meine Krankheit, meinen Absturz und meine vielen Suchbewegungen, fand ich jetzt einen Menschen, der mich verstand und der bereit war, mir uneingeschränkt zu helfen. Sie ging ihren Gebetsweg konsequent weiter, drängte sich nicht auf, machte keine Vorschriften, sondern hielt sich zurück in der starken Überzeugung – die sie auch ausstrahlte –, dass der Herr den begonnenen Weg mit mir gut vollenden würde.

Seitdem ich begonnen habe, das Ruhegebet zu üben, haben sich große Veränderungen und Wandlungen in mir vollzogen. Ich bin nicht mehr in alles so involviert und nehme vieles nicht mehr so persönlich. Manchmal habe ich den Eindruck, ich stehe draußen, neben mir und höre und sehe zu, was um mich herum geschieht. Und dabei bleibe ich ganz bei mir selbst, gefestigt und aufrecht. Den Egoismus, der mit meinen Schmerzen verbunden war, habe ich überwunden. Ich sehne mich nach der Versöhnung im Ganzen und Vollen, doch werde ich sie in dieser Welt wohl niemals vollendet sowohl erhalten als auch weiterschenken können.

Ich weiß heute, dass ich vom Geschenk her lebe und nichts und von niemandem etwas verlangen darf. Oft macht mich schon ein bis zur letzten Grenze dringender verklärender Gedanke sehr glücklich. Das innere Geschehen und die dazu gehörenden Erfahrungen haben mich überwältigt. Dazu gehört die Stille während des Ruhegebetes und zeitweilig auch außerhalb von ihm, die mich Momente der Unendlichkeit innerhalb meiner engen Begrenzungen erfahren lässt.

Mit wahrer Begeisterung und innerem Engagement las ich das Buch von Henri Nouwen »Ich hörte auf die Stille. Sieben Monate im Trappistenkloster«. Durch dieses Tagebuch neu motiviert, fragte ich bei den Trappisten in Mariawald an, dem einzigen Trappistenkloster Deutschlands, ob ich einige Tage zu ihnen kommen dürfe. Am Tag nach der Zusage war ich bereits dort. Das Schweigen und vor allem die langen und guten Gespräche mit Prior Bernardin Schellenberger waren Heil für meine doch sehr gekränkte Seele. Aus diesen Quellen zog ich Kraft, spürte aber, dass ich kein Trappist werden könne. Da Mutter allein war und sich Sorgen machte, fuhr ich zum Weihnachtsfest wieder zu ihr.

Peter, es waren schöne Festtage für mich, Dich hier zu Hause zu haben. Ich danke Dir sehr dafür.

Vielleicht wirst Du ja schon bald einen neuen Weg beschreiten, der Deinem Leben wieder Sinn gibt und Dir Licht und Gnade vermittelt und somit Deinem Leben eine freundliche Färbung verleiht. Nach all den Enttäuschungen und Intrigen in Münster und Rheine, die Du, ohne Dich zu rechtfertigen, schweigend und geduldig überstanden hast, wirst Du hoffentlich das Ziel, das Du Dir in Deinem Inneren gesetzt hast, erreichen. Ich weiß, dass Du momentan nicht darüber sprechen magst; daher möchte ich auch nicht tiefer in Dich dringen.

Halte Dich keineswegs bei Vergangenem auf, sondern versuche, Dein Gemüt mit hoffnungsfrohen, friedvollen und gesunden Gedanken zu füllen, denn unser Leben ist das, wozu unsere Gedanken es machen. Wenn es eben geht, beschäftige Dich nicht mit Menschen, die Dir Steine in den Weg gelegt haben und weiterhin legen, um Dich daran zu hindern, eventuell doch noch Priester zu werden. Auch über Undank solltest Du weder nachdenken noch grübeln. Denke daran, dass von den zehn Aussätzigen, die Jesus heilte, nur einer umkehrte und sich bei ihm bedankte.

Weißt Du, durch harte Schicksalsschläge haben wir gelernt, jeden Tag so zu nehmen, wie er kommt, und uns keine dunklen Gedanken zu machen, dass wir den nächs-

ten Tag fürchten müssen. Weißt Du, die dunklen Wolken des Ungewissen sind es immer wieder, die uns zu Feiglingen machen. Du hast ein ganzes Gebäude von Hoffnung und Glück einstürzen sehen. Und trotzdem wird Dir – und im Hintergrund auch mir – neue Kraft gegeben, um den begonnenen und ersehnten Lebensweg fortzusetzen. Dessen bin ich sicher. Vertraue darauf, dass es gut weitergehen wird. Erwarte von Gott alles, aber von den Menschen nicht zu viel.

Da mir in Deutschland kein Ort bekannt war, an den ich mich noch hätte wenden können – von Diözese zu Diözese laufen wollte ich nicht –, fragte ich bei einem Priester-Ausbildungszentrum für Spätberufene in Amerika an. Als ich mir jedoch konkret vorstellte, Theologie und Spiritualität – zu diesem Fach fühle ich mich besonders hingezogen – in amerikanischer Sprache zu erlernen und eventuell später zu lehren, schreckte ich vor diesem kühnen Schritt zurück.

Peter, Deine Frage, wie es weitergehen wird, kann ich Dir noch nicht beantworten. Ich glaube, Du spürst, dass ich genauso ratlos bin wie Du. Ich verstehe, dass Du nicht wieder zurückgehen möchtest in die Firma, obwohl Du hier gut aufgehoben sein würdest. Ich erinnere mich, wie enttäuscht und innerlich getroffen Du warst, als Du 1960 nach Deiner schweren Krankheit nicht wieder nach St. Georgen in Frankfurt zurückkehren konntest und dann mit halbem Herzen in Münster Dein Psychologiestudium aufgenommen hast, mit der leisen Hoffnung, später doch noch einmal Theologie studieren zu dürfen. Du sagtest Dir, dass Dir die psychologischen Kenntnisse bestimmt auch als Priester von hohem Wert sein würden.

Und jetzt erneut eine Absage – nicht wie seinerzeit durch Krankheit, sondern durch Menschen, die gegen Dich aufgebracht sind. Quäle Dich darum nicht, mein Lieber! Denke daran, wie sicher und zielgerichtet der Herrgott Dich bis hierher geführt hat. Denke an Deine geistliche Entwicklung und vor allem an das Ruhegebet, das Dir bereits in vielen bedrohlichen Situationen geholfen hat. In welch wunderbare Harmonie bist Du doch mit Dir selbst gekommen. Ich bin fest davon überzeugt, dass du eine gute Entwicklung nehmen wirst. Du musst allerdings zum gegenwärtigen Zeitpunkt viel Geduld und vor allem Demut aufbringen.

Da ich nicht wusste, wie es konkret mit mir weitergehen würde und sich auch von keiner Seite ein Wegzeichen kundtat, habe ich mich von meiner Familie – außer von Mutter natürlich, bei der ich nach wie vor wohnte – und von Freunden und Bekannten zurückgezogen. Eines Morgens reichte Mutter mir ein Päckchen, an mich adressiert. Ein Absender oder ein Begleitschreiben waren nicht ausfindig zu machen. Der Inhalt: eine Dose schwarzer Lack und ein Affe mit haarigem Fell, wie man ihn Kindern schenkt. Zuerst wusste ich nichts damit anzufangen, doch dann assoziierte ich »Lackaffe«, ein Schimpfwort, das ich aus meiner Jugend kannte. Nicht ahnend, dass dies der Anfang einer Serie von 27 »Anschlägen« war, die sich nach meiner Abwesenheit dann auf Mutter richteten.

Mutter und ich hatten viel Zeit, miteinander zu reden, insbesondere Vergangenes aufzuarbeiten. Immer wieder sprach sie von Vater und dem, was er uns an Aufgaben überlassen hatte. Es tat ihr sichtlich gut, noch heute, fünfzehn Jahre nach seinem Tod, über Dinge zu sprechen, die sie – wie sie glaubte – falsch gemacht hatte. Vater hatte ein klares und eindeutiges Testament hinterlassen. Alles, was er besaß, sollte nach seinem Tod seiner Frau gehören; und nach ihrem Tod sollte sich meine Schwester und ich das teilen, was Mutter übrigließ. Mutter stand noch eine lange Zeit nach Vaters Tod unter dem Schock des Plötzlichen. Aus diesem Grund hatte sie noch keine Übersicht und ließ sich von einem Verwandten und vornehmlich dem Steuerberater überreden, Vaters Testament auszuschlagen und eine steuerlich »bessere« Lösung an seine Stelle zu setzen. Der Staat erkannte diese neue Regelung an, und wir sparten nach Aussage des Steuerberaters eine Menge ansonsten zu zahlender Steuern.

Diese Fehlentscheidung zog eine Reihe unguter Ereignisse und Forderungen nach sich, und Mutter fand keine Ruhe und auch den Frieden nicht, den Vater ihr durch sein Testament so sehr gewünscht hatte. Sie sagte später, Vaters Testament und damit seinen letzten Willen auszuschlagen, habe ihr und uns nur Unglück gebracht, und dass sie es niemals mehr so handhaben würde.

Da ich und damit auch meine geistige Kraft schwach war, bin ich von meiner Umgebung immer wieder überwältigt worden, ja, im eigentlichen Sinn sogar zu etwas bewegt worden, was mir und meinem Wesen überhaupt nicht entsprach. Ich habe Entscheidungen getroffen, die letztlich nicht stimmten und damit Verwirrung und Unglück brachten. Das Schlimmste und Folgenschwerste war, dass ich Vaters Testament ausgeschlagen habe, da ich vom Steuerberater förmlich dazu überredet wurde. Er listete mir die finanziellen und steuerlichen Vorteile auf und setzte mich damit derartig unter Druck, dass ich an Vaters letzten Willen nicht mehr dachte.

Vordergründig schien dann vorerst alles gut zu sein, doch was sich daraus im Laufe der Jahre an Leid, Verwirrung und Unstimmigkeit entwickelte, ist dir ja zur Genüge bekannt, ja, Du hast es schmerzlich miterleben müssen. Niemals, und noch einmal niemals mehr, würde ich den letzten Willen eines Menschen ausschlagen. Ich hoffe, dass Du diese durch schreckliches Leid gewonnene Erkenntnis selbst erhältst und an andere Menschen weitergibst. Wie kann sich Glück im Leben eines Menschen entfalten, wie kann ihm Gnade zufließen oder wie kann er Erfüllung erfahren, wenn er sich nicht immer wieder auf Gott ausrichtet? Grundlage ist, dass er über sich selbst bestimmt und sich nicht durch das Wollen und Beeinflussen anderer Menschen manipulieren lässt. Die göttliche Gnade und damit auch das Glück eines Menschen möchte sich auf ganz natürliche Weise entfalten, ausdehnen und auf andere übergehen. Diese Ausdehnung von Gnade bringt ein Wachstum der Intelligenz und der Schöpfungskraft, ja, all dessen mit sich, was sowohl im eigenen Leben als auch im Leben anderer von heilwirkender Bedeutung ist.

Meiner Natur entsprach und entspricht es immer noch, nicht warten zu können, sondern ungeduldig zu sein.

iese Wochen allein mit Mutter hatten ihren tiefen
... wenn man nicht besetzt ist durch irgendein vorge-
gebenes Ziel, ja, enttäuscht am Rande des Lebens steht,
fällt es leichter, sich einem anderen gegenüber und damit
auch Gott zu öffnen. Verstärkt nahm Mutter in meiner
Gegenwart ihr Blaues Buch zur Hand, las mir entweder
daraus einige Passagen vor oder sie trug neue Texte ein,
die sich aus unseren Gesprächen ergaben.

*Es tat mir früher gut, wenn meiner Eigenliebe geschmei-
chelt wurde. Bevor ich das Ruhegebet übte, konnte ich
mir einen Zustand in diesem Leben nicht vorstellen, der
mir Freiheit von jeglichem Zwang verspricht. Ich bin erzogen worden, alles bis an die letztmöglichen Grenzen zu
durchdenken, zu durchforschen und zu analysieren und
mit vielem Unlösbaren als Reisegepäck zu leben. Und
jetzt – leider musste viel Zeit bis hierher vergehen und
viel Leid ertragen werden – schenkt sich mir Einsicht in
ungeahnte Zusammenhänge, die ich niemals aus mir
selbst heraus, das heißt durch meinen Willen, erhalten
hätte. Es ist wunderbar, durch geschenkte Einsicht Erkenntnis zu gewinnen und aus eigener Überzeugung von
innen heraus zu handeln. Da mir viele schicksalsbeding-
te und geistliche Zusammenhänge meiner Vergangenheit
aus Unwissenheit und Beschränktheit nicht klar waren,
habe ich vorschnell geurteilt und verurteilt.*

*Manche philosophische und religiöse Richtung hatte
für mich viel Bestechliches, da sie meinem festgefahre-
nen Denken und meinen festen Vorstellungen vortreff-
lichen Vorschub leistete. Erst jetzt, da ich selbst mehr
Überblick und vor allem Einsicht gewinne, sehe ich, dass*

viele sogenannte Gelehrte und Philosophen in ihrem persönlichen Leben nicht glücklich waren oder sind, ich mich aber von ihnen belehren und leiten ließ. Meine täglich neue Erfahrung, die ich mit dem Ruhegebet mache, distanziert mich von ihnen. Ich sehe, wie eingleisig sie zum Teil denken und lehren und wie schwach und feige gerade diese Menschen oft sind. Ich kenne persönlich einen Gelehrten, bei dem mir jetzt auffällt, dass er bei all seinem Können letztlich doch keinen Boden unter seinen Füßen hat. Seine Philosophie und seine Grundsätze schöpft er aus reiner Eigenliebe, bei dem geringsten Sturm fällt er in sich zusammen, was sich allerdings durch erhöhte Selbstdarstellung äußert.

Es ist erschreckend zu sehen, wie viele dieser Menschen es gibt, die in eine Sackgasse geraten und sich so aufführen, dass sie krank werden, süchtig oder gar Selbstmordabsichten hegen. Sie kennen den Weg zurück zur eigentlichen Quelle des Lebens nicht und, indem sie in permanenter Verzweiflung und im Elend leben, werden sie zu einer ungeheuren Belastung für die Mitmenschen und die Gemeinschaft.

Wie einfach ist es doch dagegen, im Gebet sein Leben Gott zu übergeben und darauf zu vertrauen, dass er es unendlich gut mit uns meint. Der Weg wahrer Erkenntnis wird immer Gott zum Ziel haben und nicht das eigene Ego mit seinem Willen und Wollen.

In diese Zeit des Wartens und in das Verinnerlichen des Vergangenen fällt eine Begebenheit, ja, eine Reaktion von Mutter, die ich seinerzeit nicht verstanden habe, ihr heute aber ganz hoch anrechne. Bevor Mutter heiratete, hatte sie einen Verehrer, Heinz Möller aus Bünde. Am Beginn von Mutters Lebensgeschichte habe ich ihn erwähnt, besonders seine Mutter, die fragen ließ, was meine Mutter an Aussteuer und an Silber mit in die Ehe bringen würde. Mutter fühlte sich sehr verletzt, denn ihre Eltern konnten ihr nichts dergleichen mitgeben; sie hatten alle Mühe, vom geringen Einkommen des Vaters die Miete zu zahlen und die Familie zu ernähren. All das liegt viele Jahrzehnte zurück und wäre längst vergessen, wenn sich nicht etwas Aktuelles ereignet hätte.

Mutter erhielt einen Einschreibebrief vom Amtsgericht und erfuhr aus dem beigefügten Testament, Heinz Möller sei verstorben und sie habe von ihm ein Sechsfamilienhaus in Rinteln geerbt. Obwohl sie längst wusste, wie sie sich verhalten würde, kam sie sofort zu mir und fragte mich um Rat. Da ich von dem Besitz der Familie Möller wusste, war es für mich klar, dass es niemandem schaden würde, wenn Mutter dieses Erbe annähme. Als ich dann eine vorsichtige Andeutung in diese Richtung machte, trat sie entschieden dagegen und sagte: »Glaubst du denn im Ernst, ich würde von Heinz Möller etwas annehmen? Und dann noch nach seinem Tod?«

Ich erinnere mich, wie kurze Zeit später Frau Möller mit einem Notar und einem großen Blumenstrauß zu Mutter kam und die Verzichterklärung aufnahm.

Mein Leben ist so ausgefüllt und gleichzeitig so reich, dass ich gar nicht dazu komme, mich zu sorgen. Da fällt mir ein Ausspruch von Winston Churchill ein, der während des Höhepunktes des Krieges gefragt wurde, ob ihn seine ungeheure Verantwortung nicht beklemme. Er, der in dieser Zeit achtzehn Stunden täglich arbeitete, erwiderte: »Ich habe zu viel zu tun und daher keine Zeit, mich zu ängstigen oder zu sorgen.«

Neben alldem, was ich täglich zu tun habe, pflege ich die Meditation in Form des Ruhegebetes. Dieser Wechsel von Aktivität und tiefer Ruhe bekommt mir außerordentlich gut. Quälende Gedanken, die mich sonst überfielen und mich für Stunden oder gar Tage besetzten, gibt es kaum noch in meinem Leben. Und was habe ich mich früher schwergetan mit ihnen und mir Sorgen über Sorgen gemacht. Ein Tag, wie überhaupt die Zeit, verfliegt so schnell und die Freude am Leben ist groß, sodass ich nicht mehr bereit bin, Zeit in die Dunkelheit zu investieren. Dahin kann man auch ein Gespräch mit anderen Menschen wunderbar lenken.

»Geh Deinen Weg!«

Eines morgens wurde ich wach, hellwach, mit der Frage, was wohl die von Münster am weitesten entfernte Diözese sei, in der noch Deutsch gesprochen wird: die Diözese Passau, die Erzdiözese München und Freising oder Freiburg? Nein, es ist die Erzdiözese Wien! Ich war mir unsicher und schaute nach. Die Diözese Bozen-Brixen, die zwar zu Italien gehört, ist die von Münster am weitesten entfernte Diözese, in der Italienisch, aber vorwiegend Deutsch gesprochen wird. Nachdem ich im Generalvikariat in Bozen angerufen und kurz mit Bischof Dr. Joseph Gargitter gesprochen hatte, schlug mein Herz höher, obwohl ich überhaupt keine Vorstellung von Südtirol hatte. Der Bischof lud mich zu einem Vorstellungsgespräch ein, sagte aber, ich möge nicht viel Zeit verlieren, denn das nächste Semester an seiner Philosophisch-Theologischen Hochschule in Brixen finge bald an.

Am Ende des Gespräches nahm mich der Bischof mit lieben und gütigen Worten als Priesteramtskandidat in seiner Diözese auf. Vor Freude über die Annahme versprach ich dem Bischof, nicht nur bei ihm zu studieren und hoffentlich auch geweiht zu werden, sondern auch in seiner Diözese als Priester zu bleiben, um notwendige seelsorgliche Aufgaben zu übernehmen.

Mit Mutter einigte ich mich – bereits am Telefon, als ich sie von unterwegs anrief –, zu niemandem etwas zu sagen, um neue Unannehmlichkeiten nicht heraufzubeschwören. Es zeigte sich schon nach einigen Wochen, nachdem ich Rheine verlassen hatte, dass dies eine gute Vorsichtsmaßnahme war. Mutter war einerseits sehr erfreut, dass mein Weg weiterführte, andererseits war sie ein wenig traurig, dass sich der Ort der Ausbildung und wahrscheinlich auch der Ort der Berufsausübung in einem anderen Land und so weit entfernt von zu Hause befand. Als ich mich für die große Reise vorbereitete, die ich jetzt für unbestimmte Zeit antreten wollte, und dabei Mutters Wehmut spürte, kam mir eine Idee. Ich machte in unserer Nähe einen Förster ausfindig, der Langhaar-Dackel züchtete. Er besaß von seinem letzten Wurf einen schönen rot-braunhaarigen Rüden, der drei Monate alt und bereits stubenrein war. Eigentlich wollte er Timmy zur Weiterzucht behalten, doch als ich ihm die Geschichte der Einsamkeit meiner Mutter erzählte, hatte er so etwas wie Mitleid und legte mir Timmy in die Arme. Aus Mutter und Timmy ist eine große und unzertrennliche Liebe geworden, die siebzehn Jahre währte.

Es kommt mir vor, als würde ich Dich verlieren, obwohl ich mit Dir bisher alles geteilt habe und an allem, was Dein Leben betrifft, beteiligt war. Denkst Du daran, dass Du vielleicht ein Stück Heimat verlieren wirst? Aber was bedeutet das schon bei dem Ziel, das Dir vor Augen steht. Ich freue mich mit Dir. Für Wunderbares bist Du geboren: für die Sonne, das Glück, die Heiterkeit, die Schaffensfreude, die Gemeinschaft mit anderen Menschen und vieles mehr und letztlich aus Gott und für Gott. Ich bin sicher, Du wirst Deinen Weg, begleitet von guten Mächten, geradlinig gehen. Mutter und Timmy freuen sich, wenn Du zu Besuch kommst.

Oft klammern sich Vorstellungen an meine Seele, dass ich vieles hätte anders machen sollen. Ich mache mir Vorwürfe, weil ich in Bezug auf Dich manches unterlassen habe. Diese Fehler meinerseits werden auf einmal riesengroß und sie belasten und quälen mich. Bei dem Gedanken, dass Du endgültig gehen wirst und ich keine Hoffnung mehr habe, Dich hier zu behalten, empfinde ich ein wenig Unbehagen. Es gibt einen Strom, der durch alle Länder der Erde fließt, und das ist der Strom der Tränen. Viele wesentliche Werte in meinem Leben werden mit Deinem Fortgang schwinden. Doch mache Dir um mich keine Sorgen: Ich habe eine Gesundheit aus Stahl und Eisen.

Wenn Du wirklich eines Tages mit Gott tief verbunden sein wirst, dann wirst Du auch frei sein von allem, was Dich bindet. Doch bis dahin ist der Weg für Dich noch weit. Strebe nicht ausschließlich nach dem Himmel, sondern lerne auch überall da, wo Du bist, die Erde zu bestehen.

(Um Peter bei seinem Abschied nach Brixen das Herz nicht schwer zu machen, habe ich ihm diese Zeilen weder vorgelesen noch geschrieben.)

Mit großer Freude und hohen Erwartungen zog ich ins Priesterseminar von Brixen. Das Studium – mir wurden all meine vorherigen Studien und theologischen Semester angerechnet – machte mir große Freude. Einmal in der Woche telefonierte ich mit Mutter und wöchentlich schrieb ich ihr auch einen Brief. Damit nicht bekannt wurde, wo ich mich aufhielt, hatte sie in einem kleinen Ort bei Rheine, in Neuenkirchen, ein Postfach eingerichtet. Von dort holte sie meine Briefe ab.

Brief an Peter, Februar 1979

Es ist ganz still im Haus. Draußen liegt noch immer Schnee. Ich habe eine Bitte an Dich: Versäume keine theologischen Vorlesungen und höre bei allen gut zu. Als ich jung war, wollte ich von der Religion, vom Glauben und der Theologie nicht viel wissen. Hätte ich nicht in späteren Jahren Dechant Fabry und Pater Bonaventura als meine Religionslehrer und geistlichen Begleiter gehabt, würden mir die Grundkenntnisse des Glaubens fehlen, auf die sich dann ganz von selbst der lebendige und erfahrbare Christusglaube aufgebaut hat.

Denk einmal darüber nach, wer alles so wunderbar eingerichtet hat, dass eines aus dem anderen folgerichtig hervorgeht. Ohne es je gelernt zu haben, bauen die Vögel ihre Nester, sammeln Nahrung, um die Jungen zu füttern. Diese fliegen dann federleicht durch die Luft und im Herbst sogar zum ersten Mal in fremde Länder. Wer gibt ihnen all das ein? Wer hat die wunderbare Ordnung und das Gleichgewicht in der Natur begründet? Alles Geschaffene wird vom Schöpfer unsichtbar geführt und geleitet. Die Bewegung des Kosmos gleicht einem großen Konzert, bei dem jede Stimme zum harmonischen Klang beiträgt. Der Dirigent, hinter allem verborgen, ist Gott. Und Christus schickte er auf die Welt, damit wir Ihn, Gott, verstehen, finden und letztlich begreifen können.

Durch Dein Studium, Dein Beten und Deinen intensiven Weg zum Priestertum wirst Du weitaus tiefere Zusammenhänge verstehen und begreifen und an andere Menschen weitergeben können. Ich spüre seit Langem und bin fest davon überzeugt, dass Du den richtigen Weg für Dich und für uns alle eingeschlagen hast und täglich *tiefer in die Geheimnisse der Schöpfung und des Glaubens eingeführt wirst.*

Es war gut, dass ich Rheine, ja, das Bistum Münster wie auch das Bistum Osnabrück verlassen hatte und weder telefonisch noch brieflich zu erreichen war. Ich bin sicher, dass Mutter noch viel Unangenehmes beschert wurde, über das sie zu mir nicht gesprochen, sondern mit sich selbst ausgemacht hat.

Ich habe viel über den konsequenten Schritt nachgedacht, den Du trotz der vielen Schwierigkeiten und trotz der Steine, die auf Deinem Weg lagen und liegen, getan hast. Ich glaube, dass sich das Leben in Dir vor dem übermäßigen Zwang von außen gewehrt und nach Möglichkeiten gesucht hat, sich selbst zu entfalten. Die bitteren und schmerzhaften Erfahrungen, die Du machen musstest, sehe ich heute ein und bin froh, dass der Ruf zum wahren Leben in Dir so laut und stark zum Durchbruch gekommen ist. Hättest Du resigniert, wäre bestimmt manches weitaus tragischer verlaufen. Ich habe versucht, diese Erfahrung, an der auch ich wesentlich Anteil hatte, in einem kurzen Satz für Dich zusammen zu fassen: Das Tragische im Leben ist nicht der Tod, sondern das, was wir in uns sterben lassen, während wir am Leben sind.

Psychoterror

Was Mutter jedoch in dem Jahr nach meinem Fortgang erlebte – sie hat es mir erst nach Jahren erzählt, um mich nicht aufzuregen und am Studieren zu hindern –, spottet jeder Beschreibung. Dunkle Kräfte, die mich treffen sollten, trafen nun sie. Insgesamt waren es 27 Delikte, die Mutter aushalten und verkraften musste. Nach Aussagen der Kriminalpolizei, die Mutter dann endlich einschaltete, handelte es sich um Vergehen, die am Rande des Kriminellen standen. Es war ein beabsichtigter Psychoterror, wenn ich daran denke, dass Mutter wochenlang morgens um vier Uhr von einer beauftragten Zentrale geweckt wurde. Da es mechanisch vor sich ging, konnte sie niemanden sprechen. Sie war ganz und gar angewiesen auf ihr Telefon. Von diesen absurden Dingen erinnere ich mich nur an einige; die Akte der Polizei existiert nicht mehr.

Mehrmals in der Woche kamen verleumderische Briefe, in denen einmal Mutter und dann wieder ich die Opfer waren. Ein Herrenausstatter brachte eine Menge Garderobe zur Auswahl und behauptete, Mutter habe ihn beauftragt. An einem Wochenende wurden vier Toilettenwagen vor Mutters Haus gestellt, sodass sie nicht mehr in ihre Garage fahren und nur schwerlich ins Haus kommen konnte. Am Montag lag die Rechnung in ihrem Briefkasten. Als sie eines Morgens ihre Haustür öffnete, fand sie kistenweise Ananas und andere Südfrüchte im Eingangsbereich aufgestapelt. Als sie den Früchte- und Gemüsegroßhändler Schoonhoven anrief – der Lieferschein steckte in einer der Kisten – sagte er ihr, dass ich am Abend eine »Hawaii-Partie« geben wollte und die Früchte selbst per Telefon bestellt hätte. Ein anderes Mal fand Mutter in ihrem Vorgarten zentnerweise Dünger aufgeschüttet. Der BMW-Händler Pelster führte eines guten Tages ein neues Sportcabriolet vor und ging fest davon aus, dass Mutter es für mich vor einigen Monaten bestellt und den Kaufvertrag unterschrieben nachgereicht habe.

Das Schlimmste jedoch – ich wage kaum darüber zu sprechen – erlebte Mutter und erhielt dabei einen unsagbaren Schock, als es an einem Nachmittag an der Haustür schellte und ein Herr, schwarz gekleidet, sich vorstellte: »Beerdigungsinstitut Lüttmann-Fauth. Wir möchten ihren Sohn abholen. Der Sarg ist im Auto.« Mutter bat den Herrn ins Haus und musste sich vor Erschöpfung setzen. In dieser Situation drückte er ihr sein Beileid aus und kondolierte. Mutter konnte kein Wort hervorbringen, so geschockt war sie. Sie dachte, ich sei in den Dolomiten tödlich verunglückt oder wie Vater mit dem Auto. Als sie sich einigermaßen wieder gefangen hatte, bat sie den Besucher um ein wenig Geduld, ging in ihr Schlafzimmer und rief im Priesterseminar Brixen an. Dort erfuhr sie vom Portier, Herrn Leopold, dass er mich gerade noch gesehen habe, als ich mich in der Pause eines Seminars im Flur aufhielt. Erleichtert kam sie zurück und sagte, dass es sich um einen Irrtum handeln müsse. Man zeigte ihr die gesamten Papiere, einschließlich des Totenscheins, von einem Arzt abgestempelt und unterschrieben – Todesursache: Autounfall.

Nach diesem schockierenden entsetzlichen Erlebnis alarmierte Mutter dann endlich die Polizei. Kriminalkommissar Siegler nahm sich Mutter und der Sache an, die inzwischen auf 27 Delikte angewachsen war. Durch Schriftvergleiche bei einem grafologischen Institut, durch Recherchen bei den betroffenen und geschädigten Firmen und durch einen Verdacht, den Mutter hatte, konnte für alle Vergehen eine Täterin ermittelt werden, deren Namen ich nicht nennen möchte. Denn Mutter hatte ihr, nachdem sie alles gestand, und ihren entsetzten Eltern – im Einklang mit den beteiligten Firmen – versprochen, von einer Strafanzeige unter der Bedingung abzusehen, dass keine weiteren Dinge dieser Art mehr geschehen.

Erst Jahre später erzählte Mutter mir von alldem. Was hat sie alles schweigend ausgehalten, nur um mich zu schonen und mich den Weg zu Ende gehen zu lassen. Umso mehr verstehe ich heute ihre Worte aus dem Blauen Buch, hinter denen sich so manches äußere wie innere dramatische Ereignis verbirgt – ohne, dass sie es dem Blauen Buch oder irgendjemandem anvertraut hat.

Zu Beginn des neuen Jahres habe ich mir fest vorgenommen, Dir einen Gruß zu schreiben, weil telefonisch nach Brixen keine Verbindung zustande kam. Doch daraus ist nichts geworden, weil in der Firma Besprechungen stattfanden, an denen ich teilnehmen wollte. Du kannst aber sicher sein, dass ich manch guten Gedanken empfunden habe, und so sind die Wünsche für Dich, wenn auch unausgesprochen, doch gültig, weil ja alles, was mit dem Herzen geschieht, nicht verloren geht. Das ist tröstlich zu wissen, wenn selbst im Schweigen etwas lebendig ist. Ich bin auch sicher, dass die Treue über den Tod hinaus eine große Kraft schenkt. Die Liebe ist mächtig und sie bewirkt letztlich alles.

Welch ein Trost, dass bei all dem Schweren, was das Leben von uns fordert, diese Wahrheit besteht. Sie gibt allem Sinn, Festigkeit und Halt. Ich bin dem Herrgott unendlich dankbar, dass er mich trotz vieler Umwege und Belastungen nicht scheitern ließ, sondern mich immer wieder zu ihm zurückrief. Wie wunderbar!

Oft berührt jedoch Schmerz meine Seele und alles Lachen verstummt in mir. Aber sind denn nicht auch die Schmerzen und besonders die Schmerzen der Seele ein Gut, das zum Leben gehört? Sie führen mich letztendlich, so ist meine Erfahrung in all den Jahren meines Lebens, zu einer größeren und tieferen Innerlichkeit, als es die Freude vermag. Was wäre mein Dasein, wenn ich nicht immer wieder versuchen würde, den geistigen Inhalt aus jeder vorüberfliehenden Stunde zu ziehen und ihn als errungenes Vermögen zu bewahren?

Fast täglich ziehe ich mich für eine bestimmte Zeit in die stillen Schächte meines innersten Wesens zurück, um kleine Goldkörner zu sammeln, die sich hier und da – ich möchte sagen, äußerst kärglich – in dem Gestein der Lebenssorgen abgelagert haben. Ich horche dann auch gern auf das leise Rauschen der verborgenen Quelle, aus der meine Gefühle und meine Gedanken aufsteigen.

Ich hoffe, dass auch Du Wege gefunden hast, die Dir erlauben, von der Vielfalt der täglichen Aktivität Abstand zu nehmen, Wege, die Dich tiefer zu Deinem Selbst führen und die göttliche Quelle in Dir erschließen und offenbaren. Fest bin ich davon überzeugt, dass wir anders das Leben nicht bewältigen und die vielen Lasten, die uns und der Welt auferlegt werden, nicht tragen können.

So darf ich auch zusammen mit Dir Gott danken für all sein gütiges und barmherziges Tun, vor allem aber da-

für, dass er Dir Kraft und Gnade verleiht, alles Widergött-
liche zu ertragen.
In großer Verbundenheit grüße und umarme ich Dich.

Mutter selbst war es eigentlich, die in dieser Zeit das Wi-
dergöttliche aushalten musste. Warum trat es noch einmal
so stark zum Vorschein? Vielleicht weil es Licht werden
wollte und im Wege Stehendes zuerst weggeräumt werden
musste. Meine Zeit in Brixen war dagegen eine völlig un-
belastete. Ich war dankbar für jeden vergangenen Tag und
freute mich auf jeden neuen, der immer mit der gemeinsamen Laudes und der heiligen Messe begann. Mutters heim-
liche Gebete habe ich gespürt und innerlich gesehen, wie
sie oft zur Kirche ging und immer wieder vor dem Bild der
»Immerwährenden Hilfe« eine Kerze aufstellte. Aber auch
mit ihren bejahenden Briefen unterstützte sie mich. Manchmal sprach aus ihnen, wie Mutter sich klärend mit ihrer
Vergangenheit auseinandersetzte. Zu ihrer Befreiung – so
empfand ich es – musste sie es mir mitteilen.

Da ich oft vergeblich versucht habe, Dich telefonisch zu
erreichen, will ich Dir schreiben und Dir herzliche Grüße
senden. Ich hoffe sehr, es geht Dir gut und Deine Studien
machen Fortschritte. Nach all dem Ringen, was hinter
Dir liegt, ja, was hinter uns liegt, muss ich sagen, dass Du
eine gute Wahl des Weges getroffen hast, der Dich zu ei-
nem erfüllten Beruf führt. Dein Optimismus, Deine Ar-
beitsfreude und nicht zuletzt die Gnade Gottes werden
Dich zu dem ersehnten und meines Erachtens auch ver-
dienten Erfolg führen.

Die Anforderungen, die ich nach Vaters Tod an Dich stellte, waren ziemlich groß. Dein Vorhaben, Priester zu werden, habe ich als Flucht vor der realen und herausfordernden Welt angesehen. Daher war mein Verhalten Dir gegenüber umso fordernder. Ich habe nicht damit gerechnet, dass sich diese Deine Kraft – heute sage ich Gnade – so stark und konsequent durchsetzen würde. Ja, Dein Entwicklungsgang ist außergewöhnlich. Ich habe mich Dir gegenüber völlig anders verhalten, als ich es von meinem Vater gewohnt war. Jetzt, wo Du weit fort bist und aller Wahrscheinlichkeit nach auch bleiben wirst, offenbart sich mir ein ganz neuer Raum, in den hineinzuschauen und hineinzudenken eine zwingende Notwendigkeit für mich ist. Wenn ich an meinen geliebten Vater denke und an sein Vorgehen mit mir, wird mir immer mehr bewusst, wie ich Dich blockiert habe.

Ich hatte das Glück, einen Vater zu besitzen, der mich erkannte und der mit weiser und fester Hand mein Leben einrichtete – und das von Kindheit an. Ich lernte von ihm Disziplin, er schenkte mir aber wiederum sehr viel Freiheit. Mein Vater erschien mir streng und war es auch in dem Sinn, dass er hohe Anforderungen an mich stellte in Bezug auf Fleiß, Pflichttreue, liebevolle Rücksichtnahme und Selbstbeherrschung. Wie hätte ich murren können, wo er selbst mit gutem Beispiel voranging! Das Geheimnis seines Vorgehens mit mir liegt darin, dass er einerseits viel von mir verlangte und mich somit herausforderte und ihm andererseits meine Anlagen und meine guten Wünsche bewusst waren. Er förderte sie, so gut er konnte. Damit stärkte er mein Selbstbewusstsein, ohne dass ich überheblich wurde. Er schenkte mir unbegrenztes Wohlwollen und Vertrauen. Es war mir immer unfasslich, wie er dieses Wohlwollen, das er auch anderen Menschen gegenüber zum Ausdruck brachte, mit seinem starken Hang zu Sympathien und Antipathien, mit scharfer Beobachtungsgabe und unbestechlichem Urteil verband.

Es ist mir ein Anliegen, Dir diese Zusammenhänge in einer etwas umfangreicheren Sichtweise zu schildern. Dass ich Dir meine Gedanken so unverblümt schreiben kann, bedeutet für mich auch eine Entlastung und damit ein inneres Freiwerden.

Der Tag der Diakonatsweihe stand fest: Es war Sonntag, 23. März 1980, neun Uhr im Dom zu Brixen. Der Regens des Priesterseminars ließ mich einige Wochen vor diesem Termin zu sich kommen und sagte mir, dass meine Weihe infrage gestellt sei. Das für mich Schlimme war, dass der Regens mir auf mein Fragen nach den Gründen keine konkrete Antwort gab. Damit ließ er mich nun allein ...

Inzwischen erfuhr ich von Dr. Kofler, dem Professor für Kirchenrecht, es sei gesetzlich festgelegt, dass rechtzeitig vor jeder Weihe der Heimatpfarrer die Pflicht habe, die anstehende Weihe der Kirchengemeinde mit der Frage mitzuteilen, ob jemand Einwände dagegen habe. Also wusste man jetzt sowohl in Rheine als auch in Münster offiziell, wo ich mich aufhielt und was am 23. März mit mir geschehen sollte. Auf der einen Seite wirkte diese Bekanntgabe befreiend auf mich, auf der anderen Seite war es jedoch für Mutter und mich äußerst beklemmend, da wir mit Widerständen rechnen mussten.

Wir waren getroffen und zutiefst deprimiert. Sollte wirklich alles umsonst gewesen sein?

Ich versuche, durch meine Briefe an Dich und durch meine persönlichen Aufzeichnungen Klarheit in mein Inneres zu bringen, das auszudrücken, was mich stark beeindruckt hat und bisher noch nicht ausgesprochen wurde, frei zu werden von belastenden Elementen, vor allem aber Dich und Deinen neuen Weg, so gut ich es vermag, zu unterstützen. Über viele Jahre hinweg habe ich die schmerzhafte Erfahrung gemacht: Wenn ich zu viel schweige zu allem, bilden sich Verhärtungen in mir, die bis zur Krankheit führen können. So habe ich das Wort gefunden: Wenn der Mund immer nur schweigt, streiken die Organe.

Es gibt jedoch auch vieles in meinem Leben – bestimmt wird es Dir ähnlich gehen –, über das ich mich nie ganz verständlich machen kann. Ich darf Dir sagen – und ich weiß, Du verstehst mich –, dass ich darüber nur mit Gott sprechen kann.

Der Dekan der Hochschule sagte mir, beim Bischof liege ein Brief von einer Frau J. C. aus Rheine vor, die verhindern wolle, dass ich Diakon oder gar Priester würde. Professor Stiglmair beruhigte mich und sagte, sie seien den vermeintlichen Weihehindernissen nachgegangen und hätten nichts feststellen können, was einer Diakonats- und Priesterweihe von mir im Wege stünde. Ich konnte wieder durchatmen, fragte aber beim nächsten Atemzug gleich, ob ich den Brief einsehen dürfe. Doch dieser Wunsch wurde mir weder jetzt in der Diözese Bozen-Brixen noch damals in Münster erfüllt.

Mutter gegenüber habe ich zwar die Fakten am Telefon erwähnt, doch nichts darüber verlauten lassen, was ich die letzten Tage innerlich durchstehen musste. Da sie es verstand – wie sie mir einmal schrieb –, »aus bitteren Zitronen eine wohlschmeckende Limonade zu machen«, zählte sie gleich auf, wen sie gern zu meiner Diakonatsweihe einladen und mit nach Brixen bringen wolle.

Es kommt nicht darauf an, wie viel Theologie wir in uns hineinstopfen, sondern wie viel Liebe wir aus uns herauslassen. Ersteres kann man wollen, Zweites unterliegt nicht unserem Willen, denn es hängt mit der uns zuströmenden Gnade Gottes zusammen. Um sie zu empfangen, muss man sich öffnen und bereiten. Du hast einen wunderbaren Weg gefunden, das Ruhegebet, bei dem das Wesentliche ganz von selbst geschieht. Mit nur wenigen Gebetsworten und einer immer tiefer werdenden Ruhe öffnest Du Dich dem liebenden Entgegenkommen Gottes. Wie konnte und kann er anders, als Dir die Gnade und die innere Kraft zu schenken, um auch die letzte Hürde vor Deiner Weihe zu überwinden? Die vielen Hindernisse und Steine, die Dir bisher auf den Weg gelegt wurden, haben etwas Gutes: Sie lassen Dich Dein Priestertum ein Leben lang – und vielleicht auch darüber hinaus – so hoch- und wertschätzen, dass Du es niemals durch voreiliges Handeln herausfordern oder gar aufs Spiel setzen wirst.

Seit Jahren übe ich das Ruhegebet, das mein Leben völlig verändert hat und mir Sicherheit im Augenblick gibt, mich aber auch gute Prognosen stellen lässt. In gewisser Weise ist es dem Rosenkranzgebet ähnlich, nur ist beim Ruhegebet das Denk- und Vorstellungsvermögen noch weniger, ja, gar nicht beteiligt.

Vielen Gläubigen ist das Beten des Rosenkranzes lieb und teuer. Diese Art zu beten, ist ein guter Start und eine gute Grundlage für ein religiöses Leben. Das Beten des Rosenkranzes zeigt wirklich positive Ergebnisse, wie zum Beispiel Herzensfrieden und inneres Glück in unserer problembeladenen Welt.

Bei sich zu Hause sein

Durch Weihbischof Heinrich Forer wurde ich im Dom zu Brixen zum Diakon geweiht. Mutter und meine Schwester mit ihrer Familie sowie einige gute Bekannte hatten den langen Weg auf sich genommen, um dabei zu sein. Mutter zuliebe trennte ich mich für dieses Fest von meinem Bart, den sie nicht leiden konnte und als ungepflegt ansah.

Ich weiß, dass Du jetzt in Brixen hart studieren musst, um die Anschlüsse an Dein früheres Studium zu finden und zudem noch in verkürzter Zeit Dein Theologiestudium abzuschließen. Doch mir tut es ab und an sehr gut, Dir zu schreiben und Dir von hier und mir mitzuteilen. All meine Gedanken und Gefühle kann und möchte ich Dir selbstverständlich nicht ständig unterbreiten. So bin ich dankbar, dass ich den lieben Timmy habe und das Blaue Buch, in das ich all das eintrage, was nicht in meinen Briefen steht. Du wirst es sicherlich später einmal lesen und Dich dabei an mich und sowohl an meine inneren Auseinandersetzungen als auch an meine Freude erinnern.

Ich bekam kürzlich ein kleines Buch geschenkt mit dem Titel »Der Prophet«. Der Autor Kahlil Gibran (1883–1931) war Libanese. Wahrscheinlich ist Dir diese Schrift mit alten und tiefen religiösen Lebenswahrheiten bekannt. Vieles hat mich angesprochen und sehr berührt.

Dazu gehört auch das, was der Prophet Almustafa »Von den Kindern« sagt:

»Eure Kinder sind nicht eure Kinder. Es sind die Söhne und Töchter von des Lebens Verlangen nach sich selber. Sie kommen durch euch, doch nicht von euch; und sind sie auch bei euch, so gehören sie euch doch nicht.
Ihr dürft ihnen eure Liebe geben, doch nicht eure Gedanken, denn sie haben ihre eigenen Gedanken.
Ihr dürft ihren Leib behausen, doch nicht ihre Seele, denn ihre Seele wohnt im Hause des Morgen, das ihr nicht zu betreten vermöget, selbst nicht in euren Träumen.
Ihr dürft euch bestreben, ihnen gleich zu werden, doch suchet nicht, sie euch gleichzumachen.
Denn das Leben läuft nicht rückwärts noch verweilt es beim Gestern.«

(Kahlil Gibran, Der Prophet. Olten und Freiburg, [10]1979, 16–17.)

W ie weiter aus ihren Eintragungen hervorgeht, setzte sich Mutter von Zeit zu Zeit immer wieder mit meinem Ablösungsprozess von zu Hause auseinander. Mein Weg und meine Abwehr müssen sie zutiefst beeindruckt haben und richtig konnte sie es im Grunde zu dem Zeitpunkt noch nicht fassen, dass ich bald in dem mir gemäßen Beruf zu Hause sein würde.

H eute bin ich über all die Trauer um Vaters Tod hinweg und kann sagen, dass es durchaus einen Sinn haben kann, wenn jemand in jungen Jahren stirbt. Belegen kann ich das natürlich nicht, aber es ist eine Ahnung. Wenn sich ein junges Leben vollendet, kann dies mit einem angesammelten großen inneren Reichtum geschehen, mit einer Fülle von Empfindungen und großen Wahrnehmungen. Ich bin nun ein wenig älter geworden, weil ich wohl in dieser Welt erst lernen musste, das Leben zu bestehen und es zu lieben.

Eigentlich kann ich überhaupt niemandem mehr böse sein, wenn ich überlege, dass er ja eine völlig andere Bewusstseinsstufe hat als ich. Daher gab es auch zwischen uns immer so viele Missverständnisse. Ich war verhaftet in meiner Vorstellungswelt und habe wohl kaum zugelassen, dass andere Vorstellungswelten, die meiner nicht entsprachen, ja genauso ihre Existenzberechtigung und ihre Wahrheit haben.

Sich der Wahrheit mit ihren unendlich vielen Facetten zu öffnen und sie anzuerkennen, hat mich erst richtig frei gemacht und dazu geführt, Werte und Lebenswege in anderen Menschen zu sehen, anzuerkennen und zu lieben, die mir früher fremd waren. Durch Vater war ich seit unserer Ehe durch und durch betrieblich orientiert. Ich habe gern an seiner Seite gestanden und alles mit ihm gemeinsam getragen. Es war für uns selbstverständlich, dass Du als sein Nachfolger den gleichen Weg einschlagen würdest. Stell Dir vor, mit welcher Herausforderung Du uns konfrontiertest, als Du uns mit siebzehn Jahren eröffnetest, Priester zu werden. Uns in diese völlig andere Welt hineinzudenken und hineinzufühlen, war uns seinerzeit nicht möglich. Vater hat Dir seine Enttäuschung nicht so emotional offenbart, wie ich es getan habe; er hat sich zurückgezogen und innerlich im Stillen sehr gelitten. Die Kräfte und Wünsche, die von Dir ausgingen, haben wir als Flucht vor der Wirklichkeit angesehen und uns somit *ermutigt gefühlt, Dir Deine Wünsche aus dem Kopf zu schlagen. Wir haben geglaubt – und dieser Glaube setzte sich bei mir nach Vaters Tod noch intensiver fort –, dass es ohne Dich als Vaters Nachfolger keine Zukunft geben würde. Ich glaubte, ich müsse willentlich und mit aller Gewalt das bei Dir durchsetzen, was Vater und ich uns von Dir seit jeher erhofften.*

Und genau das Gegenteil geschah: Eine eigene Kraft in Dir, den Priesterberuf zu ergreifen, ist über all die vielen Jahre bei Dir nicht zum Erliegen gekommen, sondern hat sich immer neu durchgesetzt. Trotz all der Prüfungen – und es waren nicht leichte und wenige in Deinem Leben – hast Du im Grunde Deinen Weg konsequent weiterverfolgt. Ich sehe, dass zu Deiner Willenskraft und der Fähigkeit, Leid zu ertragen, viel Gnade kommt. Bald wird es so weit sein, dass Du zum Priester geweiht wirst. Ich freue mich darauf.

Die Zeit zwischen der Diakonats- und der Priesterweihe – es waren fünfzehn Monate – verging schnell. Mutter hatte sich aus Pflichtbewusstsein, aber auch aus Freude mehr der Firma zugewandt, besuchte sie fast täglich und nahm an vielen Sitzungen teil. Eine Aufgabe zu haben und vor allem, gefragt zu sein, tat ihr sehr gut und sie lebte regelrecht auf. In manchen Situationen, die sie nicht übersehen konnte, rief sie mich an und fragte um Rat. Ein großer Vorteil bestand für sie darin: Sie hatte den Geschäftsführer, Herrn König, an und auf ihrer Seite.

Die folgenden Zeilen, die sie nicht abschickte, sondern in ihr Blaues Buch eintrug, muten mich an wie ihre persönliche Situationsanalyse.

Gern, Peter, würde ich mit Dir über meine Situation in der Firma sprechen, darüber, dass ich lernen muss, mich zu behaupten, mir nicht alles gefallen zu lassen und mich durchzusetzen. Du hast dieser Aufgabe den Rücken gekehrt und bist eigene Wege gegangen. So musste ich mehr oder weniger für Dich einspringen, um das Werk, das Deine Eltern für Dich aufgebaut haben, am Leben zu erhalten. Nimm wenigstens meine Gedanken an, meine Vorstellungen und meine Sorgen und nimm sie mit hinein in Dein Gebet und das heilige Messopfer, das Du selbst bald feiern wirst.

Ich habe mich gefragt, wie kann ich im Mittelpunkt stehen, ohne egoistisch zu sein? Vor dieser Frage steht wohl jeder planvoll Handelnde, nicht nur der Unternehmer, sondern jeder Mensch in seinem privaten Bereich. Ist nun jemand durch seinen Erfolg im Leben in den Mittelpunkt gerückt, muss er sich durchaus nicht schämen. Es gibt jedoch auch viele Menschen, die große Ziele und lohnende Pläne entwickelt haben, ihre Wunschziele aber nie erreichen. Ich kann mich sehr gut in sie hineinfühlen, möchte jedoch selbst nicht an der Realisierung meiner Ziele scheitern. Meines Erachtens gibt es zwei Gründe des Scheiterns: Der Nutzenbietewert ist zu gering oder es fehlen geeignete Partner zur Umsetzung der Pläne.

Wie können wir aber größeren Nutzen bieten? Wie finden wir Partner, die uns fördern und die zu fördern uns selbst Nutzen bringt? Es führt zu weit, jetzt an dieser Stelle über Antworten nachzudenken. Ich wollte Dich lediglich mitfühlen lassen, womit ich mich zur Zeit beschäftige und um Deine Unterstützung bitten. Ich habe herausgefunden, dass Partnerschaften geprägt werden vom Bild unserer eigenen Person, das sich nach außen hin zeigt. *Und unsere Reaktionen hängen davon ab, wie wir uns selbst sehen und beurteilen. Deuten wir ein Signal unserer Umwelt falsch, reagieren wir auch falsch auf diese Umwelt.*

Jeder einzelne Mensch steht im Beruf und im Privatleben im Mittelpunkt seiner eigenen kleinen Welt. Dieses »Mittelpunktsein« und die damit verbundene Verantwortung müssen wir akzeptieren. Wer sich dagegen wehrt, sich abhängig macht von anderen Menschen, Dingen oder Konsumgütern, wer seine Welt nur vom Rand aus betrachtet, muss zwangsläufig Fehlentscheidungen treffen.

Doch wem schreibe ich dies! Du hast diese Erfahrungen zur Genüge gemacht und ich hoffe, dass Du sie niemals mehr in Deinem Leben machen musst. Verstehst Du heute, dass es damals eine überaus schwere Zeit für mich war, Dich außerhalb Deiner Selbst zu erleben? Du agiertest nicht aus Deiner eigenen Mitte, sondern von der Peripherie Deines Selbst aus, sodass Du schließlich auf alles völlig falsch reagiertest. Wie habe ich versucht, Dir Deine eigene Welt – soweit sie mir natürlich zugänglich war und ist – aufzuzeigen und Dir die Mitte vor Augen zu führen. Damals dachte ich, es sei vergeblich, doch heute weiß ich, dass Du Dein Ziel nicht nur vor Augen, sondern auch ständig in Deinem Herzen trägst und bald erreicht haben wirst. Und, das muss ich mir bei dieser Gelegenheit eingestehen, Du bist unabhängig von dem geworden, was Deine Eltern mit Dir vorhatten; unabhängig von allem hast Du Deinen Weg gefunden und Du gehst ihn konsequent. Du hast gelernt, Dich durchzusetzen und selbst zu agieren, anstatt wie früher auf alle Einflüsse, die wir auf Dich ausgeübt haben, abwehrend zu reagieren. Auch ich habe viel von Dir gelernt, selbst wenn es oft sehr schmerzlich für mich war.

Ich bin durch Dich wesentlich mehr zu mir selbst und zu meiner Mitte gekommen. Meine Werteordnung hat sich völlig neu realisiert und ich bin selbstbewusster geworden. Ich stelle mich den Problemen und lasse den Wind gern von vorn kommen. Auch ich habe zeitweise am Rand meiner Welt gelebt, mit dem Rücken zur Wand als vermeintlich sicherem Halt. Ich war nur imstande, in eine Richtung zu blicken und zu denken. Meine Wünsche gingen nicht in Erfüllung und keine meiner Leistungen fand Anerkennung. Dein Aufbruch war auch mit einem guten Aufbruch bei mir verbunden. Mir fällt es inzwischen leicht, in verschiedene Richtungen zu blicken und nicht mehr so egoistisch zu denken, sondern wesentlich weiträumiger und vor allem vernetzter. Ich habe es gelernt – und darauf bin ich ein wenig stolz –, nicht durch andere Menschen und nicht durch familiäre Vorgaben mein Leben bestimmen und planen zu lassen, sondern selbst kreativ und vor allem risikobereit zu sein. Nach vielen erfolglosen Suchbewegungen hast Du dies bereits vor mir erkannt, durchgesetzt und gelebt, bis Du dem ersehnten Erfolg immer näherrücktest.

Aus dem Kelch trinken

Als ich am Sonnabend von Weiheexerzitien mit Rektor Heinrich Spaemann zurückkam, war Mutter zusammen mit einigen Verwandten und Bekannten bereits im Priesterseminar eingetroffen. Herzlichkeit und Vorfreude kam mir von allen Seiten entgegen. Eine Dame jedoch, die dem früheren Meditationskreis angehört hatte und mit ihm weiter in Verbindung stand, nahm mich zur Seite und sagte, dass sie mich unbedingt sprechen müsse. Die Meditationsbewegung, die inzwischen angewachsen war und mit vielen weiteren Zentren in Verbindung stand, habe beschlossen, einige Meditierende mit einem Bus nach Brixen zu schicken, um mich während des Gottesdienstes im Dom davon abzubringen, Priester zu werden. Als ich fragte, wie denn das geschehen solle, konnte sie mir keine Antwort geben.

Welche Formen sollte ein solch unseliges Unterfangen jetzt annehmen? Als ich am Morgen in der Domsakristei das gütige Lächeln und die väterliche Ausstrahlung von Bischof Gargitter wahrnahm, spürte ich, obwohl ich starke Herzklopfen hatte, dass mir nichts mehr auf dem unmittelbaren Weg zum Priestertum geschehen könne. »Vater, in Deine Hände lege ich mein Leben«, betete ich ununterbrochen.

Meine Familie saß auf der rechten Seite, vorn in den ersten Bänken – nichts ahnend von dem, was ich befürchtete. Es war still im Dom, die Worte des Bischofs klangen aus und es geschah nichts. Dann spendete der Bischof das Sakrament der Priesterweihe. Das Hochamt verlief ohne jegliche Störung und ich wusste, dass ich ab jetzt nichts mehr zu befürchten hatte. Die Freude und die Herzlichkeit, die ich auf dem Domplatz von meiner Familie und vielen erfuhr, war überaus groß und überwältigend.

Auf diese Feierlichkeiten bezog sich Mutter in folgendem Brief.

9.2.1986

Lieber Peter!
Die gemeinsame Zeit, die Stunden, die ich mit dir verleben durfte, waren eine Bereicherung für mich! Es ist wirklich ein unverdientes Glück, einen edlen Menschen, dazu noch der Sohn, als Freund zu haben. Dazu die wunderbare Gemeinsamkeit, die wir immer wieder erfahren durften in der Klarheit des Denkens und Tuns. Wie schön ist das, eine solche Harmonie, die Kräfte vermittelt für den Alltag des Lebens, in den wir ja immer wieder gestellt werden. Aus dem Bewusstsein, getragen zu sein mit der Kraft des Herzens, die Liebe ist, erhält alles einen stillen Glanz. – Es bewegt uns schon sehr, wenn man an dem Empfinden und Denken teilhaben darf!

Mutters Handschrift: eine Seite aus ihrem Blauen Buch

Brief an Peter!

Die gemeinsame Zeit, die Stunden, die ich mit Dir verleben durfte, waren eine Bereicherung für mich! Es ist wirklich ein unverdientes Glück, einen edlen Menschen, dazu noch den Sohn, als Freund zu haben. Dazu die wunderbare Gemeinsamkeit, die wir immer wieder erfahren dürfen in der Klarheit des Denkens und Tuns. Wie schön ist das, eine solche Harmonie, die Kräfte vermittelt für den Alltag des Lebens, in den wir ja immer wieder gestellt werden. Aus dem Bewusstsein, getragen zu sein mit der Kraft des Herzens, die Liebe ist, erhält alles einen stillen Glanz. – Es bewegt mich schon sehr, wenn man an dem Empfinden und Denken teilhaben darf!

Es ist üblich, als Priester die erste heilige Messe in der Heimatpfarrei als »Primiz« zu feiern. Wir gehörten in Rheine zur Dionysius-Kirche; hier wurde ich getauft und gefirmt, hier wurde das Requiem für Vater gefeiert. Warum sollte ich nicht in dieser wunderschönen alten gotischen Stadtkirche auch meine Primiz feiern? Ungeachtet aller unliebsamen Vorkommnisse schien mir dieser Schritt konsequent und richtig zu sein. Vor wem sollte ich mich fürchten, was sollte ich verbergen? Doch es gab auch Stimmen, die mich gewarnt hatten, es nicht zu tun, um nicht zu provozieren.

Die Zeitung für das Bistum Münster, »Kirche und Leben«, die »Westfälische Nachrichten« und die »Kirchenzeitung der Diözese Bozen-Brixen« kündigten meine Primiz an für den 12. Juli um zehn Uhr in der St.-Dionysius-Pfarrkirche in Rheine. Am frühen Abend bekam ich einen anonymen Anruf. Ein Herr sagte mit gelassener und ruhiger Stimme, dass meine Primiz gefährdet sei, denn man habe soeben die zum Glück verschlossenen Kirchentüren von St.-Dionys mit Tomaten und Eiern beworfen. Nach dieser Information legte er auf. Am liebsten wäre ich gleich zur Kirche gefahren und hätte mich davon überzeugt, doch Mutter und meine Priesterfreunde aus Brixen rieten mir davon ab, doch fuhren sie selbst hin und kamen mit der Nachricht zurück, dass es wahr sei und zudem stünden noch etliche Menschen vor der Tür. Mutter schien ruhig – zumindest ließ sie sich nichts anmerken. Wir setzten uns zusammen und berieten, was zu tun sei. Wir beschlossen, so in den kommenden Tag zu gehen, wie er schon seit Langem geplant und vorbereitet war.

Am Morgen des 12. Juli sprachen wir nicht viel miteinander. Der Küster sagte, dass die Kirche bereits überfüllt sei. Keiner sprach von dem gestrigen Ereignis vor den Kirchentüren. Als ich mich nach der gemeinsamen Kniebeuge und dem Altarkuss mit dem Kreuzzeichen zur Gemeinde wandte, sah ich zu meinem großen Erstaunen auf der rechten Seite am Bankende zum Mittelgang hin eine rothaarige junge Dame, deren Gesicht ich wiedererkannte. In Sekundenschnelle durchzuckte es mich und in diesem kurzen Augenblick war mir ihre Geschichte mit mir präsent. Worte ziehen jetzt das in die Länge, was mir damals in einer Sekunde klar war. Was wollte sie hier und dann noch an so exponierter Stelle? (Nachdem sie mich vor Jahren auf einem Meditationskursus kennengelernt hatte, behauptete sie und erzählte es überall, ich sei in meinem Vorleben Inquisitor gewesen und habe sie verbrennen lassen. Daher rührten heute noch ihre roten Haare. Jetzt, in diesem Leben, habe sie die Aufgabe, mich zur Strecke zu bringen.)

In seiner aufrechten und vornehmen Haltung stand Spiritual Bours am Ambo und predigte. Ich bin sicher, auch sein Wort hat die »Dämonen« vertrieben ...

Spiritual Dr. Johannes Bours:

Ein Diakon, der sich auf die Priesterweihe vorbereitete, sagte mir in einem zusammenfassenden Gespräch: »Ich möchte Ihnen sagen, was in all den sieben Jahren der Vorbereitung auf das Priestertum für mich das Wichtigste geworden ist, die wichtigste Erkenntnis. Ich habe erkannt, dass Jesus der ist, der nicht aufgibt, seine Sendung nicht aufgibt und der den Menschen nicht aufgibt, der seine Sendung nicht aufgibt, auch wenn er dafür ans Kreuz gehen muss, und der den Menschen nicht aufgibt, die Sünderin nicht und den Schächer nicht ...«

Jeder Mensch hat seine Geschichte mit Gott, eine unvertauschbare Geschichte. Und dies ist für mich bewegend in meinem Dienst, Glaubensgefährte der einzelnen Menschen zu sein in ihrer unvertauschbaren Geschichte mit Gott. Dies miterleben zu dürfen, ist überwältigend, wie im Suchen und Fragen, im Denken und Staunen Gott oft durch viele Jahre der Glaubenswanderschaft bei einem Menschen in bestürzender und beseligender Nähe durchkommt ...

Wenn ein Mensch es zulässt, dass die Sehnsucht Gottes ihn berührt, dann wird auch im Menschen die Sehnsucht nach Gott geweckt – mehr und mehr, und das Herz wird unruhig, bis es sich ganz von Gott finden lässt. Ich denke mir, dass Peter Dyckhoff, unser lieber Neupriester, diesem Gedanken zustimmen wird. Er, der jetzt schon in der Lebensmitte steht, hat viele Suchbewegungen gemacht. In den letzten Jahren hat ihm vieles geholfen, immer feinhöriger werden zu dürfen, bis er in dem Stimmengewirr unserer Zeit immer eindeutiger die eine und einzige Stimme heraushörte, die ihm sagte: »Du, folge mir!«

Und ich denke mir, dass er dem, was der Diakon da erfahren hat, zustimmen wird, dass Jesus der ist, der nicht aufgibt. Und so hat dieser Jesus auch in ihm etwas geweckt, das nicht aufgeben will, bis er vom Wort der Berufung ganz eingeholt worden ist, gefunden ist von dem, der allein unser Herr, der allein unser Meister ist: Jesus Christus, der Gekreuzigte und Auferstandene ...

Und so möchte ich heute unserem lieben Neupriester wünschen, dass es ihm gegeben wird, immer aus dem heiligsten Zentrum allen priesterlichen Tuns leben zu dürfen, aus dem Mysterium von Tod und Auferstehung Christi, das gefeiert wird in der heiligen Eucharistie. Und ich möchte ihm wünschen, dass er niemals das Wort vergisst, das der Bischof ihm bei der Priesterweihe gesagt hat: »Stelle dein Leben unter das Geheimnis des Kreuzes.«

So feiern wir heute in herzlicher Mitfreude mit Peter Dyckhoff, mit seiner Familie, seinen Freunden und Bekannten und mit seiner Heimatgemeinde dieses heilige Opfer. Er hat als sein Primizwort das Psalmwort gewählt, das er in der Einladung zur heiligen Messe gesagt hat. Ich denke mir, dass er dieses Psalmwort auf dem Hintergrund seines eigenen Lebens gewählt hat, seiner Lebensgeschichte, in der es manche Bedrängnis, manche Frage und viel Suchen gegeben hat, auch – das glaube ich sagen zu dürfen –, wenn im Tiefsten die Stimme der Berufung nie ganz verstummt war. Ich finde es gut, dass er nun zu-

rückschauend alles, auch die Bedrängnisse, auch das Su-
chen zum Dank werden lässt. Und ich möchte ihm wün-
schen, dass dieses Lied, von dem dieses Psalmwort
spricht, in seinem Leben nie aufhören möge: »Der Herr
ist meine Kraft und mein Schild. Mein Herz vertraut ihm,
mir wurde geholfen. Da jubelte mein Herz. Ich will ihm
danken mit meinem Lied.«

Mutter war die Erste, der ich die Kommunion spenden
durfte. Sie schaute mich an, ernst, aber glücklich. Nach
dem Schlussgebet sangen alle: »Großer Gott, wir loben
dich«, der Chor verstärkte den Gesang mehrstimmig. Es
folgte der Primizsegen und zum Auszug ertönte die Orgel.
Nach der Kniebeuge erhob sich plötzlich ein lautes und
nicht enden wollendes Klatschen. Es wirkte wie ein ge-
waltiger Durchbruch ins Licht, dem eine große Entspannung folgte. Es war eine freudige Bejahung dessen, was in
der letzten Stunde geschehen war: die Auferstehung Jesu
Christi, die alle mitreißt, die ihr Herz öffnen.

Nichts Störendes oder gar Provozierendes war geschehen. Die Auswirkungen dieser heiligen Messe zeigten
sich noch den ganzen Tag über, sodass die anschließende
Feier der Primiz zu einem Fest wurde, das alle Erwartungen überstieg.

Erst am Abend kam ich dazu, mir das wunderbare Geschenk näher anzuschauen, das Mutter mir gemacht und
mit dem ich bereits zelebriert hatte: ein vergoldeter Kelch
aus einem früheren Jahrhundert. Wie ich von ihr erfuhr,
hat sie ihn über Herrn Bours bekommen und von mehreren gerade diesen Kelch ausgesucht. Ein Bekannter von
Herrn Bours kaufte bei entsprechenden Gelegenheiten

sakrale Gegenstände zurück, um sie vor einer Profanisierung zu retten. Bei genauer Betrachtung des Kelches sah ich, warum Mutter sich für diesen entschlossen hatte. Auf seinem Fuß zeigt er, reliefartig ausgearbeitet, eine Peitsche und einen Hammer, drei große lange Nägel, die Dornenkrone und das in Flammen stehende durchbohrte Herz Jesu.

Du besitzt die Fähigkeit zu einem erfüllten Leben. Bei vielem habe ich erlebt, wie Du Dich begeistern kannst, und diese Deine Begeisterung wirkt ansteckend. Behalte Deine stets offenen Augen und Deine empfindlichen Sinne, um Dich immer wieder neu begeistern zu können. Danke dem Himmel für dieses Gnadengeschenk, das er Dir verliehen hat: das glückliche Talent zur Begeisterung.

Begeisterung und Dankbarkeit sind eng miteinander verbunden. Ein altes Sprichwort nennt Dankbarkeit das »Gedächtnis des Herzens«, das sich an Schönes, Erhebendes und Beglückendes erinnert und es zu wahren weiß. Dankbarkeit ist der geheime Schlüssel zum Glück. Ich hoffe, Du lernst aus meiner Erfahrung: Ich bin allzu leicht in Gefahr, alles zu registrieren, was mir das Leben versagt und was mich schmerzt. Was mir dagegen an Gutem und Schönem geschenkt wird und was mich zeitweilig erfüllt, nehme ich allzu gern als selbstverständlich hin. Und für Selbstverständliches ist niemand dankbar. Schau Dir meine gute Gesundheit an, aber auch mein Gemüt, das in der Lage ist, sich nach all dem Schweren, das ich durch den Verlust von Vater und der Zeit danach durchmachen musste, immer neu aufzurichten und der Freude zuzuwenden!

Es gilt, sich immer wieder bewusst zu machen, was uns ohne unser Dazutun geschenkt wird und was letztlich unser Glück ausmacht. Ich weiß, Du denkst jetzt an Deine lange unglückliche Wartezeit, bis Du von der Kirche angenommen wurdest, um Priester zu werden. Ja, die Welt hat eben nicht nur lichte, sondern auch finstere Seiten, die oft sehr ängstigend und bedrängend sein können. Ich weiß, es war schwer für Dich, in dieser Zeit an die Gnade und die Liebe Gottes zu glauben und gar das Schöne am Leben im vollen Sinn des Wortes wahr-zunehmen. Doch Du hast auf Dein Ziel hin gelebt und es trotz hässlicher Widerstände letzten Endes erreicht. Die Gnade, die Du empfangen hast, war das notwendige Gegengewicht zu all den zerstörerischen Kräften, von denen ich glaube, dass sie durch die vom Heiligen Geist erfüllte Primizfeier zum größten Teil überwunden sind.

Begleitung durch viele Stationen

Nun war ich Priester und angehender Kooperator (Kaplan) der Diözese Bozen-Brixen. Durch Kontakte zum Ursulinenkloster in Bruneck und zu Vinzentinerinnen, die im Brunecker Krankenhaus arbeiteten, wurde ich sowohl zu Beichtgesprächen ins Kloster als auch zur Krankenhausseelsorge gerufen. Und ehe ich mich versah, wurde ich zu Sterbenden geführt, die ich begleiten durfte.

Ich hoffe nur, dass die Aufgabe als Krankenhausseelsorger und Sterbebegleiter Dich nicht zu sehr belastet und mitnimmt. Wirst Du denn nicht traurig, wenn Dich so viel Schmerz, Todesangst und Abschied umgibt? Du schreibst mir, dass Dich besonders die Begleitung von Sterbenden zutiefst erfüllt. Ich frage mich nur, was bei Deiner Empfindlichkeit nicht alles in Deine Seele fällt und sie vielleicht langsam verdunkelt. Traue Dir nicht zu viel zu und schaffe Dir vor allen Dingen einen Ausgleich, der Dich heiter stimmt. Ich kann mir vorstellen, dass Du zur Sterbebegleitung und zur Spendung der Krankensalbung auch manches Mal nachts unterwegs bist. Noch kannst Du Dich für das, was Du tust und tun darfst, begeistern. Doch achte darauf, wenn die Begeisterung in Dir nicht mehr lebendig ist oder gar schwindet, unbedingt etwas für Dich zu tun, das Dir wieder neue Kraft verleiht.

Es ist eine erfüllende und wunderbare Aufgabe, Menschen am Ausgang ihres Lebens begleiten zu dürfen. Dan-

ke daher dem Himmel für dieses, das beste Geschenk, das er Dir verliehen hat: dich von der Frohen Botschaft anstecken und immer neu begeistern zu lassen, um gerade den Menschen seelisch beizustehen, deren Leben in dieser Welt zu Ende geht.

An zwei Stellen immer wieder ganz präsent zu sein, bedeutete eine große Anstrengung für mich. Zum einen die seelsorglich-praktische Seite in Bruneck und zum anderen die begleitenden Studien an der Hochschule: Sakramentenpastoral, Homiletik, Katechese, Pädagogik. Beides war notwendig, beides ergänzte sich und führte gerade in der Kombination zum endgültigen Hochschulabschluss. Aber wie konnte ich einem Schwerkranken oder gar Sterbenden seinen Wunsch verweigern, bei ihm zu bleiben?

Wie gut kann ich jetzt all die Menschen verstehen, die sich schwertun, zu leben, da sie einzig und allein nach ihren eigenen Vorstellungen und Wünschen vorgehen und dabei die göttliche Dimension ganz außer Acht lassen. Ich habe vieles entsprechend meiner religiösen Erziehung getan, doch allzu oft nur ging mein Inneres eigene Wege und stand nicht im Einklang mit dem, was ich sagte oder tat. Als ich sah, dass sich meine Vorstellungen, die ich von Dir und Deinem Leben hatte, nicht verwirklichten, zog Dunkelheit in meine Seele und Enttäuschung machte sich breit.

Ich weiß, dass Dir meine kurzgefassten Verse nicht immer gefallen, doch möchte ich Dir gern an dieser Stelle die mich früher oft bedrängende Dunkelheit meiner Seele durch ein Naturbild nahebringen.

Noch stehen die Bäume
im wärmenden Sonnenlicht.
Doch wachsen langsam die Schatten
bevor nun der Abend einbricht.

Das himmlische Wolkengepräge
strahlt schon in rotgoldenem Schein.
Die Sonne, sie zieht ihre Wege
und lässt uns im Dunkel allein.

Mutter hoffte im Stillen immer noch, dass ich nach diesem letzten Studien- und Kaplansjahr nach Deutschland
zurückkehren würde. Frühere Andeutungen von mir, dass
ich plane, in Italien zu bleiben, wollte sie einfach nicht
hören oder ignorierte sie. Natürlich wurde sie älter, und
da sie allein lebte, wäre es für sie einfacher und beruhi-
gender gewesen, mich in ihrer Nähe zu wissen. In einem
Brief schrieb ich ihr mein Vorhaben.

Mein lieber Peter, meine Gedanken sind bei Dir. Wie
mag es Dir gehen? Turbulenz und Unruhe sind gar nichts
für Dich. Sollte es Dir nicht besser gehen, musst Du un-
bedingt den Arzt aufsuchen. Ständig Fieber zu haben,
zeigt, dass irgendeine Entzündung im Körper ist. Es alar-
miert Dich, etwas zu unternehmen.
Nun bleibst Du vorerst doch in Italien. Ich hatte mich
schon so sehr darauf gefreut, Dich öfter sehen und spre-
chen zu können, wenn Du nach Deutschland zurückge-
kommen wärest. Auch hier gibt es immer weniger Pries-
ter und die Pfarreien werden zusammengelegt. Ich war

über Deinen Entschluss etwas traurig, weil ich mich so
sehr auf das »Leben« mit Dir gefreut habe. Offenbar ge-
hört es zur Entwicklung des Menschen, mit Enttäuschun-
gen umzugehen und zu lernen, Gelassenheit zu finden,
die davor bewahrt, das Ego zu sehr zum Mittelpunkt zu
machen. Das Leben bietet reichlich Gelegenheit, immer
wieder von sich selbst abzurücken, und ich finde, dass es
auch gelingt, wenn es mit voller Bereitschaft des Her-
zens geschieht. Ja, ich weiß, dass, wenn es geschieht, ei-
ne wirkliche Befreiung, ja, eine innere Freiheit die Fol-
ge ist.

Im Herbst und Winter 1981 – es fiel in diesem Jahr sehr
früh hoher Schnee, der liegen bleib – wurde mir die Arbeit
in der Pfarrei, die Aufgaben als Religionslehrer in der
Schule und die sehr fordernde Krankenhausseelsorge etwas viel. Hinzu kamen die ständigen Fahrten nach Brixen
über die vereisten Straßen. Das, was ich von mir forderte,
und die fast ständige Anspannung müssen eine Überfor-
derung gewesen sein. Nur bemerkt man es vorerst nicht,
wenn man etwas liebend gern tut.

Es schlich sich bei mir, wohl als Folge einer Anste-
ckung im Krankenhaus, Fieber ein, das trotz Antibiotika
und eines Krankenhausaufenthaltes (als Patient) nicht zu-
rückging, sondern permanent da war und mich erheblich
schwächte.

Nimm diesen Brief recht lieb auf und entschuldige, dass
er nur sehr kurz ist. Alle Worte, die wir am Telefon mitei-
nander sprachen, schlagen mir noch stark ins Gemüt.

Ich bitte Dich inständig, alles zu tun, was die Ärzte sagen und Dir raten. Pflege, wie Du es gewohnt bist, das Ruhegebet und schone Dich. Wenn man erst einmal weiß, woher das ständige Fieber kommt, kann man es auch in den Griff bekommen. Wenn ich etwas für Dich tun kann, lass es mich wissen, denn Du weißt, dass ich Dir stets zur Seite stehe. Ich bin sicher, dass Du die Krankheit bald überstanden hast und Deinen geistlichen Weg unbeirrt weitergehen kannst.

Denke daran, wie viel Hindernisse Du bereits überwunden hast. So wirst Du auch diese Krankheit besiegen. Führe Dir auch die vergangene Zeit vor Augen, in der Dir Dein langjähriger Wunsch, Priester zu werden, von Gott und den Menschen erfüllt wurde, eine Zeit, in der Glück und Freude bei Dir übersprudelten. Doch beides kannst Du nicht ständig erwarten. Du hast Deine Augen auf ein Ziel gerichtet und das ist entscheidend. Ich bin dem Herrn sehr dankbar, dass Dein so lang anhaltendes ringendes Verhalten endlich aufgehoben ist.

Meine Worte möchten noch weitaus mehr ausdrücken, aber ich glaube, Du verstehst, was ich Dir damit sagen will.

Als die Sonne im Frühjahr höher stieg und in den Tälern der Schnee zu schmelzen begann, glaubte ich, endlich von diesem ständigen Fieber erlöst zu werden. Der Generalvikar Dr. Michaeler wies mir meine neue Kooperatorenstelle zu: St. Peter in Villnöß. In relativ kurzer Zeit mehr als siebenhundert Meter Höhenunterschied zu überwinden, kostete mich Mühe und Atemnot. Ein eigenes kleines Haus in der Nähe des Pfarrzentrums wartete auf mich. Alles schien unwirklich und trotzdem wahr zu sein. Tiefe Freude bewegte mein Herz, hier arbeiten zu dürfen.

Das Fieber, das nach wie vor Schwäche verursachte, war allerdings immer noch nicht in den Griff zu bekommen. Inzwischen hatte man jedoch festgestellt, dass es sich um einen äußerst hartnäckigen Lungenvirus handelte.

Durch Deine Krankheit musst Du unweigerlich aus dem Kelch des Leidens trinken. Du weißt aber, dass die diesem Kelch innewohnende Kraft alles Schwere erträglich macht, ja, sogar alle Schmerzen und die Bitterkeit in Gegenteiliges verwandelt. Auf Deinem geistlichen Weg wird diese Erfahrung von großer Wichtigkeit sein, denn Du lernst dadurch, anderen Menschen in ihrer Krankheit liebe- und verständnisvoller zu begegnen und vor allem, sie zu ermutigen, durchzuhalten. In allem liegt ein tief verborgener Sinn, der sich meist erst viel später rückblickend offenbart.

Im Krankenhaus in Bruneck erfuhr ich, dass nur die nächstgelegenen größeren Krankenhäuser in Verona oder in Innsbruck diese Art Krankheit behandeln könnten. Bevor ich mich entschied, wandte ich mich telefonisch an den Chefarzt des Städtischen Krankenhauses in Osnabrück, Professor Dr. Junge-Hülsing, den Mutter gut kannte. Er war Spezialist für Lungenkrankheiten. Nach einem zweiwöchigen Aufenthalt in seinem Krankenhaus war ich einigermaßen wieder hergestellt, doch gab mir der Professor den Rat, vorerst in der Nähe zu bleiben, da eine solche Krankheit schnell wieder aufflackern könne. Als ich ihm meine zukünftige Aufgabe mitteilte, in diesem wunderschönen Villnößtal arbeiten zu dürfen und dass ich unten in Klausen am Gymnasium täglich Religionsunterricht zu erteilen hatte und somit zweimal einen so gewaltigen Höhenunterschied überwinden musste, riet er mir strikt davon ab.

Mit zwei lieben Menschen, die es unendlich gut mit mir meinten, mit Herrn Bours und Mutter, besprach ich meine Situation. Beide sprachen sich dafür aus, erst einmal in das Bistum Münster zu kommen und hier eine Stelle anzunehmen. Bischof Gargitter beurlaubte mich und Bischof Lettmann bot mir die Position als Wallfahrtsseelsorger in Kevelaer an. Alles entwickelte sich gut und ich bekam keinen Rückfall mehr.

Ich freue mich sehr darüber und bin glücklich, dass Du in Kevelaer, in der Nähe Deiner Heimat, durch Bischof Lettmann eine selbstständige Aufgabe erhalten hast. Ich bete dafür, dass der Herrgott Dir viele gute Jahre des Betens und Schaffens für das Reich Gottes schenken möge. Wie ich hörte, hat diese wunderbare Wallfahrtsstätte schon vielen Menschen reiche Gnaden vermittelt. Sicherlich wird die »Trösterin der Betrübten« Dich nach Deiner Krankheit unter ihren Schutz und Schirm nehmen und alles, was Du dort für die Menschen tust, reichlich vergelten.

Aus einem Jahr wurden drei Jahre in Kevelaer. Im Gegensatz zum Generalvikar der Diözese Bozen-Brixen und vieler Menschen, die ich lieb gewonnen hatte, war Mutter außerordentlich glücklich, dass ich sie zwei- bis dreimal im Monat besuchte und ihr dabei auch geschäftlich ein wenig zur Seite stehen konnte. Am 31. Dezember 1983 verabschiedete sie Herrn König, den ich zwölf Jahre zuvor als Geschäftsführer eingestellt hatte.

Lieber Herr König!

Nun ist es so weit: Ihr Abschied aus der Firma steht unmittelbar bevor. Wahrscheinlich bedeutet dieser Schritt auch in Ihrem Leben etwas Schweres, das Sie schmerzlich vor sich hergeschoben haben. Sie wollen oder müssen Ihre langjährige und lieb gewonnene Berufsarbeit, die weitaus mehr für Sie war als dieses Wort sagt, nun ganz aufgeben. Auch mir fällt Ihr Abschied schwer, weil ich für unsere Firma einen aufrichtigen, treuen, ja, väterlich besorgten Geschäftsführer verlieren werde. Dies bestätigen auch meine Kinder, besonders Peter.

Die Zeit geht ihren Weg und wir stehen in ihr unter Gottes Führung. Gott hat Ihre so erfolgreiche Arbeit für die Firma gelenkt, ich darf sagen, zwölf Jahre unermüdlich, von früh bis spät. Mit Gottes Segen brachten Sie das Werk optimal zum Laufen und das trotz schwerer wirtschaftlicher Lage in unserem Land und in unserer Stadt. Sie haben zu unseren Mitarbeitern ein ganz hervorragendes Verhältnis. Mit ihnen zusammen brachten Sie es fertig, die Firma in jeglicher Hinsicht zu vergrößern. Wer ist heute schon dazu in der Lage?

Meinen Dank Ihnen gegenüber kann ich kaum mit Worten ausdrücken. Möge der Herrgott Ihnen lohnen, was wir Menschen nicht können. Selbstverständlich gilt mein Dank auch Ihrer guten Frau, die Ihnen bei Ihrer täglichen Abwesenheit immer liebevoll verbunden war, vor allem in Sorge um Ihre Gesundheit. Besonders wünsche ich Ihnen, dass Sie noch recht lange Ihre Lieben unter Ihre väterlichen Fittiche nehmen dürfen und Ihre liebe Frau niemals erfahren muss, was es heißt und wie es schmerzt, wenn man seinen geliebten Lebensgefährten plötzlich verliert, wie ich es im Jahr 1964 erfahren musste.

Bleiben Sie uns immer verbunden und stehen Sie uns – so bitte ich Sie inständig – weiterhin mit Rat und Tat zur Seite.

Ihre Ihnen immer dankbare Marie Charlotte Dyckhoff

Herr König hatte selbstverständlich vorgesorgt und rechtzeitig einen Nachfolger eingestellt, dem er jetzt beruhigt die gesamte Verantwortung übergeben konnte. Für Mutter war es wichtig, dass das Werk, das Vater gegründet hat, produktiv und gewinnbringend weiterlief. Auf dieser Grundlage und vor diesem Hintergrund konnte sie mich gänzlich freigeben und loslassen. Wie stark sie sich jedoch innerlich mit diesen Prozessen auseinandersetzte, zeigt eine Eintragung in ihr Blaues Buch, zwanzig Jahre nach Vaters Tod.

Wenn man einen Menschen in seinem Leben gefunden hat, zu dem man sprechen und bei dem man alles aussprechen kann, so ist dies ein großes Glück, ich möchte sagen, eine besondere Gnade. Zu Vater – ich meine nicht meinen, sondern Deinen Vater – konnte ich alles sagen und er verstand mich. Ich freue mich darüber, dass Du trotz der vielen inneren Kämpfe, die Du mit Vater ausgetragen hast, Dich einige Jahre vor seinem Tod versöhntest und er Dich und Du ihn verstandest, ja, liebtest. Der Schmerz über seinen so frühen Tod war für mich unsagbar und ich suchte ihn überall. Ich weiß, wie sehr Du unter meinem zeitweiligen Verhalten gelitten und Dich von mir losgesagt hast. Heute kann ich Deine Loslösung von mir gut verstehen und freue mich darüber, dass Du Dich inmitten des Chaos, das damals in unserer Familie herrschte, und ohne Unterstützung von außen neu orientieren und Deinen individuellen Weg finden konntest. Du hast auf Deinem Weg zum Priestertum Menschen gefunden, zu denen Du offen sprechen kannst; ich denke besonders an Johannes Bours und Heinrich Spaemann.

So hatte auch ich vor und einige Jahre während meiner Ehe Dechant Fabry von St. Dionysius an meiner Seite. Er war mir ein väterlicher Freund und geistlicher Lehrer zugleich. Es sind kostbare Sternstunden, wenn uns solche Gott nahen Menschen begegnen. Wie habe ich mich nach Vaters Tod danach gesehnt, mit Fabry wie in frühen Jahren sprechen zu dürfen. Doch niemand stand mir zur Seite, der meinen endlos großen Schmerz begreifen und lindern konnte. Der Seele tiefster Schmerz ist jener, der nicht sprechen darf. Bedingt ist es heute Herr König, mit dem ich alles Geschäftliche auch weiterhin nach seinem Ausscheiden besprechen kann und hinzukommend auch manches Private.

Da von Oktober bis März in Kevelaer kaum Wallfahrten stattfanden, die Zeit also ruhiger war, gab ich Exerzitien im Klarissenkloster, bei den Dominikanerinnen, im Kloster der Clemensschwestern und bei den Schwestern der Göttlichen Vorsehung, übernahm das Referat für christliche Weiterbildung und Krankenhausseelsorge.

Ich spüre, wie Du mitleidest, wenn jemand stirbt, den Du im Marienhospital begleitet hast, und ganz besonders, wenn es sich um den Tod eines Kindes handelt. Ich kann Dir nicht durch viele Worte helfen, sondern nur, wenn ich Dich durch mein Gebet unterstütze. Die Welt ist seit jeher voller Leid und lässt uns hier nie ganz zur Ruhe kommen. Nur die Hoffnung auf den Herrn über Leben und Tod kann uns Mut zum Weiterleben geben. Aus dem Bewusstsein, durch ihn getragen zu sein, und aus der reinen Kraft des Herzens, die Liebe ist, kann man vielleicht die für uns oft sonderbaren und schwer zu begreifenden Wege Gottes besser verstehen.

Regelmäßig fuhr ich nicht nur nach Rheine, um Mutter zu besuchen, sondern auch nach Münster zu Johannes Bours zum geistlichen Gespräch und um das Sakrament der Versöhnung zu empfangen.

Das Ruhegebet hat mich immer begleitet und mir sowohl manche verschlossene Tür in meinem Inneren geöffnet als auch die Tür zu anderen Menschen. Es hat mir geholfen, auf meinem oft beschwerlichen Weg nicht zu unterliegen, sondern die einfache Botschaft und Verheißung Jesu Christi erfahrbar werden zu lassen.

Vieles, was sich täglich ereignet, deprimiert und ver-
wirrt mich sogar. Leider überhäuft man uns durch die
Medien mit negativen Nachrichten – aus einem uner-
quicklichen, hässlichen Hang zum Sensationellen, Tag für
Tag in Wort und Bild. Es wäre zwar töricht, die Augen vor
all dem Schrecklichen, das in der Welt täglich passiert,
zu verschließen, doch wird meines Erachtens fast jedes
ungute Ereignis zu sensationell aufbereitet.

Wie wirst Du nur mit alldem, was an Dich herange-
tragen wird, fertig – besonders, wenn Du Stunden über
Stunden die Beichte hörst? Ich versuche, nicht alles, was
mir begegnet, in meinem Bewusstsein zu speichern, son-
dern draußen zu lassen. Nur das kann ich Dir nicht ra-
ten, denn Du musst mitfühlend sein. Wichtig scheint
mir, dass wir immer wieder Höheres in den Blick nehmen
und es betrachten. Wir sollten auch das, worum unsere
Gedanken kreisen, nicht zu niedrig ansetzen. Lass Dich
durch nichts herunterziehen. Du weißt aus eigener Erfah-
rung, wie schwer es ist, aus der Dunkelheit wieder he-
rauszufinden und ans Licht zu kommen. Zur Lebenskunst
gehört unbedingt eine Disziplin der Gedanken und Vor-
stellungen, die uns einstimmen, leiten und letztlich auch
prägen.

Jeremias Gotthelf, der urwüchsige Erzähler der Schwei-
zer Bauernwelt, hat in seinem kritischen Wirklichkeits-
sinn das Problem unseres Verhaltens eindrücklich for-
muliert. Er schreibt: »Es gibt Gemüter, die allen Dingen
die böse Seite abgewinnen. Und es gibt Gemüter, die al-
len Dingen die gute Seite abgewinnen. Die Ersteren fin-
den Stoff zum Klagen und Jammern. Sie sind unglück-
liche Gemüter, verglichen mit einem Dauerregen, bei
dem nichts wachsen will. Die anderen Gemüter sind wie

Maiennächte, wo alles auferstehen möchte, alles grünt und duftet.«

Als Mutter und Timmy mich einmal in Kevelaer besuchten – es kam selten vor, denn sie fuhr ungern so weite und unbekannte Strecken allein mit dem Auto –, lernte sie auch die Buchhändlerin Rosemarie Reul kennen und schloss sie – wie ich – gleich fest in ihr Herz. Frau Reul war nicht nur Mutter von zwölf Kindern, sondern sie gab Mutter und mir das Gefühl, auch zu ihrer Familie zu gehören.

Alles in unserem Leben ist in Bewegung und verändert sich. In dieses unaufhörliche Kommen und Gehen, Werden und Vergehen war ich zeitweilig verstrickt. Ich wollte Dich festhalten und zu einem festen Bestand meines Lebens und unserer Firma machen. Mein Leben und die Firma hängen ja unmittelbar und untrennbar zusammen. Doch Du hast Dich weder festhalten noch anbinden lassen, sondern bist auf die Suche gegangen, inmitten der Ebbe und der Flut des Lebens das Unveränderbare und Ewige zu finden. Ich hoffe, dass in Deinem Leben die so aufregenden Suchbewegungen ein Ende gefunden haben und Irrtümer nicht mehr auf der Tagesordnung stehen.

Der Herrgott hat Dir viel Leid geschickt, doch Du hast es angenommen und bist tapfer weitergegangen. Obwohl es seinerzeit mit großen Schmerzen für mich verbunden war, bewundere ich heute Dein Vorgehen und Deine Haltung. Viele Menschen stehen Dir auch in Kevelaer zur

Seite und sind für Dich da, Du wirst gebraucht. Ich denke an Rosemarie, die Dich in all Deinem Tun unterstützt. Schon bei unserer ersten Begegnung ist sie mir eine Freundin im Geist geworden. Ihre Briefe und die beigefügten Gedichte erhellen meinen Tag. Sie hat nichts Dunkles an sich. Fasse es bitte richtig auf: So wie sie stelle ich mir die inkarnierte Gottesmutter von Kevelaer vor.

Wenn ich auf die Menschen schaue, die ich gut kannte und kenne – Du gehörst selbstverständlich auch zu ihnen –, muss ich rückblickend feststellen, dass trotz vieler Um- und Irrwege, trotz starker Belastungen durch Schicksalsschläge ihr eigentliches Wesen oder der Grundton ihrer Seele sich nicht verändert haben. Du bist schon so weit, dass Du das Wesentliche verstehst – wunderbar. Ich selbst fühle mich noch nicht so weit und ich muss noch kämpfen. Aber alle Wege, und das habe ich durch und durch erkannt, wo sie auch ansetzen oder sich wenden, führen zu dem einen Ziel: zur rückhaltlosen Ergebung an der Grenze des menschlichen Denkens.

Jenseits dieser Grenze – es wird noch lange dauern, bis ich sie zu überschreiten imstande bin – ist sicherlich auch für mich eine Lösung vorhanden, die heiter über allen Abgründen meines Lebens schwebt und in ungemessenen Fernen leuchtet. »Die reinen Herzens sind, werden Gott schauen«, so lautet die Verheißung. Von diesen Worten und dem, der sie sprach, geht eine große Kraft aus, die auch die Unwissenden auf göttlichen Flügeln zur richtigen Stelle trägt.

Als das dritte Jahr in Kevelaer für mich zu Ende ging, machte mir der für die Priester zuständige Personalchef Dr. Werner Thissen den Vorschlag, in der Nähe von Kevelaer die Gemeinde Wetten als Pfarrer zu übernehmen. Inzwischen hatte ich bei Frau Reul in der Buchhandlung Bischof Heinrich Maria Janssen und durch ihn seinen Nachfolger im Bistum Hildesheim, Bischof Dr. Josef Homeyer, kennengelernt. Mein Wunsch war es seit Langem, irgendwo in der Stille ein geistliches Zentrum aufzubauen, viel zu beten und Menschen das Beten zu lehren und ihnen zu helfen. Die Diözese Münster schien mir an diesem Plan nicht sehr interessiert zu sein, jedoch Bischof Homeyer sehr. Und so fühlte ich mich von selbst zu ihm und dem Bistum Hildesheim hingezogen. Auf des Bischofs und meine Bitte hin wurde ich im Bistum Bozen-Brixen exkardiniert und in Hildesheim inkardiniert, das heißt, von nun an gehörte ich mit allen Rechten und Pflichten für immer zu Hildesheim.

Der Bischof bat mich jedoch, vorerst drei Jahre lang eine Gemeinde zu übernehmen, um von Grund auf in seine Diözese hineinzuwachsen. So wurde ich Pfarrer von Adlum, einem Stiftsdorf in der Nähe von Hildesheim.

Gerade habe ich eine Kerze angezündet und für Dich gebetet. Früher war dies für mich etwas Ungewöhnliches, doch heute ist es für mich etwas Selbstverständliches geworden. So kann ich auf wunderbare Weise mit Dir in Verbindung treten und mich fürbittend für Dich einsetzen. Noch ganz angefüllt von den starken Erlebnissen bei Deiner Einführung in Adlum, versuche ich nun hier wieder, mit dem Alltag fertigzuwerden. Gerade hat mich je-

mand besucht, der eine große Enttäuschung erlebt hat und ganz am Boden liegt. Beruflich – er ist Jurist – geht in seinem Leben alles hervorragend, doch privat kommt er mit sich und anderen Menschen überhaupt nicht zurecht. Alles, was er anfängt, geht daneben, so auch eine Freundschaft, von der er sich viel, ja, sogar alles versprochen hat. Ich habe ihm das Gefühl gegeben, ganz für ihn da zu sein und ihm viel Zeit geschenkt beim Zuhören seiner Probleme. Es hat ihm sichtlich gutgetan, denn er wurde während des Gesprächs immer ruhiger.

Mir ist, während er sprach, so richtig klar geworden, dass wahre Begegnung nur stattfinden kann, wenn wir dem Nächsten lebenswahrhaftig entgegenkommen, ihm zuhören und ihn innerlich ganz und gar annehmen. Ich habe mir gewünscht, dass die Liebe und das Licht, das ich empfangen darf, auch ihn in seiner Dunkelheit erreichen. Ich bin fest davon überzeugt, dass wir einmal nicht danach gefragt werden, welche Leistungen wir erbracht haben, sondern wie viel Licht und Liebe durch uns in die Welt gekommen sind.

Ich denke an Deine Predigt in Adlum, die mich sehr berührt hat. Darin hast Du das Wort »Adlum« übersetzt oder verstanden als »ad lumen«, sich zum Licht hinwenden. Die meisten Menschen, und das habe auch ich zeitweilig getan, nehmen die Dunkelheit zum Hauptbestandteil ihres Denkens und Fühlens, anstatt sich dem Licht zuzuwenden, das ja ganz von selbst die Dunkelheit vertreibt. Nun musste ich darüber so alt werden, bis ich diese einfache und natürliche Weisheit begriff und entsprechend handeln konnte.

Ja, wie ich schon schrieb, wurde mein ratsuchender Besucher immer ruhiger und gelassener. Er muss gespürt

haben, dass er ganz und gar von mir angenommen wur-
de, obwohl ich seinen Egoismus und seine Fehler sah, die
letztlich mit dazu beitrugen, dass seine Liebesbeziehung
zerbrach. Das Angenommensein ist die grundlegende Vo-
raussetzung, um nicht nur wahrhaft leben und lieben zu
können, sondern um sich auch zum Besseren hin zu ver-
ändern. Die Veränderung allerdings hat meistens mit
Aufbruch und Loslassen zu tun. Aufbrechen und Loslas-
sen scheuen jedoch die meisten Menschen, ja, sie sträu-
ben sich sogar dagegen, da beides oftmals mit Schmerzen
verbunden ist.

Peter, lass Dir noch einmal von Herzen Dank sagen für
die Fülle, mit der Du mich beschenkt hast. Ich werde viel
mit meinen Gedanken in »Adlum« sein.

In liebender Verbundenheit, Deine Mutter

Von der Gemeinde St. Georg in Adlum – so fühlte ich es
vom ersten Tag an – wurden mein Kommen und mein
Dienst herzlich und dankbar angenommen. Alle nur
denkbaren Aufgaben wurden hier von mir gefordert. Nach
Absprache mit dem Bischof und dem Personalchef Werner Holst nahm ich Einladungen an, in der ganzen Diözese Vorträge, Einkehrtage und Exerzitien zu halten, um
mich so auf meine künftigen Aufgaben vorbereiten zu
können. Einen Schwerpunkt habe ich immer darin gesehen, das Ruhegebet bekannt zu machen und zu lehren,
das Gebet, welches mir in meiner größten Lebenskrise so
wunderbar geholfen hatte und es täglich weiterhin tut.

Nach Vaters Tod habe ich so gut wie keine Freunde mehr gehabt. Ich bewegte mich unter Menschen und war doch der einsamste Mensch. »Woran mag das liegen?«, habe ich mich oft gefragt. Ich glaube, dass ich einen Ansatz einer Antwort gefunden habe, den ich Dir gern mit auf den Weg geben möchte.

Warum sind Freundschaften, die in ihrem Ansatz gut und vielversprechend waren, nicht dauerhafter? Ich habe rückblickend erkannt, dass ich nicht vorsichtig und zurückhaltend genug war, als sich eine Freundschaft anbahnte. Ich habe von einem Freund zu viel erwartet und ihn teilhaben lassen an meinem ganzen Leben, sowohl an meinen Sorgen als auch an meinen Hoch-Zeiten. Ich habe sogar innerlich verlangt, dass der Freund gleichsam ein anderes Ich sein solle, um mit mir ein Ganzes zu bilden. Keine meiner Freundschaften auf dieser Basis dauerte lange. Ich habe einen großen Fehler gemacht, den ich selbst im Alter noch nicht ganz abgelegt habe. Das ganze Wesen des anderen habe ich in Anspruch genommen, anstatt mich mit einem Freund nur von einer Seite zu verbinden, von der ich wirklich mit ihm harmoniere. Ich bin sicher, wenn ich sein übriges Wesen nicht so total in Anspruch genommen hätte, könnte manche Freundschaft heute noch währen.

Seit Vaters Tod besuchte Mutter in den ersten Jahren fast täglich sein Grab. Später wurden die Besuche weniger. Wenn ich jedoch in Rheine war, gingen wir zusammen regelmäßig zum Grab. Auf diesen Wegen sprach Mutter oft von ihrer eigenen Beerdigung und ihren besonderen Wünschen. Sie muss sich in den letzten Jahren ihres Lebens stark damit auseinandergesetzt haben, denn sie hatte genaue Vorstellungen, die sie mir weitergab.

Eine Besonderheit hatte sich bei ihr herauskristallisiert: Bei Beerdigungen ging Mutter zwar mit zur heiligen Messe, doch nicht mit auf den Friedhof zur Beisetzung. Als ich sie danach fragte, warum dies so sei, sagte sie einfach, nach Vaters plötzlichem Tod könne sie es nicht mehr. Ich habe es so stehen lassen und nicht weiter nachgefragt. In Mutters Blauem Buch jedoch, das ja erst nach ihrem Tod in meine Hände gelangte, fand ich unter dem 6. Januar 1987 eine längere Eintragung, die sich mit diesem Thema auseinandersetzt.

Die vielen Beerdigungen, die Du in letzter Zeit in Deiner Gemeinde hattest, veranlassen mich, darüber nachzudenken, wie stark sich die Art der Beerdigung gegenüber früher gewandelt hat. Viele legen Wert darauf, die Beerdigung nur in einem kleinen Kreis stattfinden zu lassen und erst hinterher den Tod des Betreffenden bekannt zu geben.

Ich erlebe bedauerlicherweise, wie »flott« alles ablaufen muss und dass man selbst für Worte und Reden, die den Verstorbenen ehren, kaum noch Zeit aufbringt. Auch begegnet mir der Sarg immer verschlossen; hätte ich doch in vielen Fällen gern noch persönlich Abschied genommen. Immer mehr Menschen, so heißt es, verfügen in ihrem Testament, wie ihre Beerdigung ablaufen soll. Oft gibt es sogar nachher kein Treffen der Familienangehörigen, Freunde und Bekannten mehr.

Es scheint mir fast so, dass uns keine Zeit zum Sterben und keine Zeit zum Totsein mehr eingeräumt wird – und für die Angehörigen keine Zeit mehr zum Trauern! Führt das nicht dazu, dass viele Menschen ihre Trauer um einen geliebten Menschen in der Öffentlichkeit verbergen müssen und krank daran werden? Wie viele Trauersitten sind in den letzten fünfzig Jahren bereits fortgefallen, zerfallen oder im Verfallen begriffen. Es war für mich immer von hohem Wert, wenn der Verstorbene zum Requiem in die Kirche geholt wurde und – ich glaube, das sagen zu dürfen – gegenwärtig war. Wir holten ihn vom Trauerhaus ab, brachten ihn zur heiligen Messe in die Kirche und von dort aus geleiteten wir ihn zum Friedhof.

Heute erlebe ich oft den umgekehrten Weg: zunächst die Beerdigung und anschließend das Requiem, das sich allerdings dann viele Trauergäste sparen. Es gab eine Zeit – und dieser Brauch hat mir überhaupt nicht gefallen –, wo eine Sargattrappe, überdeckt mit einem schwarzen Tuch, während der Trauermesse am Altar aufgestellt wurde. Zum Glück ist dies in unseren Breiten heute nicht mehr üblich.

Trauerzüge außerhalb des Friedhofs kenne ich auch nicht mehr. Die Beerdigung findet von der Friedhofskapelle aus statt. Und viele beklagen sich schon darüber, besonders bei schlechtem Wetter, den Weg bis zur Grabstätte zu gehen. In unserer kleinen Stadt Melle und bis nach dem Krieg auch hier in Rheine gingen die Trauerzüge oft quer durch die Stadt. Auf seinem letzten Gang hatte der Verstorbene Vorrang: Vorübergehende blieben stehen, Männer zogen den Hut, manche knieten sogar nieder, Fahrradfahrer stiegen ab, Autofahrer stellten den Motor ab. Ich sah Menschen, die sich bekreuzigten, als der Sarg an ihnen vorüberzog. Vor den Leichenwagen waren meistens zwei Pferde gespannt, die jeweils von einer schwarzen Tuchdecke umhüllt waren; aus großen ausgeschnittenen Löchern schauten die Pferdeaugen. Die ganze Stadt nahm Anteil und alle erfuhren, dass der Tod weder zu umgehen noch aufzuhalten ist.

Ja, es gibt verstehbare Gründe, warum vieles heute nicht mehr so ist und auch nicht mehr so sein kann. Doch die radikale Veränderung gewachsener und vor allem Sinn gebender Bräuche erschreckt mich doch sehr. Das Sterben, der Tod und die Trauer müssen im Geheimen stattfinden! Was sind die Gründe dafür, dass die Liturgie teilweise so zerfallen ist? Was ist zurückgeblieben? Auf der einen Seite ist es ein Freisein von etwas, das einige als Zwang oder Bevormundung aufgefasst haben, auf der anderen Seite ist eine große Unsicherheit und vielleicht auch Angst bei vielen Menschen zurückgeblieben.

Durch den frühen Tod von Vater habe ich ein ganz anderes und neues Verhältnis zu den Toten gewonnen. Es ist mir klar geworden, dass die Toten etwas ganz Besonderes sind: Menschen, die leben und gleichzeitig auch nicht mehr leben. Trotz des von dieser Welt aus gesehenen ausgelöschten Zustandes leben sie weiter im Unauslöschbaren. Die Erinnerung an die Toten und ihr Leben, unsere Gebete und Fürbitten sind von außerordentlicher Wichtigkeit und Bedeutung – einmal für die Verstorbenen selbst und zum anderen für uns. Diese Erfahrung und dieses Wissen sollten nicht leichtfertig hingenommen oder gar von uns geschoben werden, sondern dazu dienen, dem Verstorbenen auf seinem Weg zu Gott Unterstützung zu geben, und uns selbst befähigen, mit unserem eigenen Leben und Sterben besser fertigzuwerden. Die lebendige Beziehung zu den Verstorbenen ist für mich ganz wichtig geworden. Es war schwer für mich, zwei Menschen, die mir im Leben sehr viel, wenn nicht alles, bedeutet haben, zu verlieren, ohne mich von ihnen richtig verabschiedet zu haben. Denke ich an sie und bete für sie, kommt bei mir immer eine gewisse Wehmut auf, ja, sogar mitunter Trauer, die etwas Nicht-wieder-gut-zumachendes in sich birgt. Ich weiß, dass Unvollendetes in der Ewigkeit vollendet wird, doch diesem Gefühl kann ich mich nicht erwehren.

Ich werde Dir diese Gedanken nicht schicken, um Deinen Dienst nicht zu stören. Wenn Du sie jedoch später nach meinem Tod einmal liest, so denke in guter Weise an mich und besonders gedenke meiner im heiligen Opfer.

In Adlum habe ich es wieder eingeführt, den Sarg mit dem Verstorbenen zum Requiem oder Auferstehungsamt Stunden vorher in die Kirche zu holen, damit die Angehörigen in aller Ruhe und im stillen Gebet Abschied nehmen konnten. Wird die heilige Messe für jemanden gelesen, der anwesend ist, so verbreitet sich eine ganz andere und dichtere Atmosphäre, als wenn der Verstorbene nicht anwesend ist. Anschließend fand dann auf dem Friedhof direkt neben der Kirche die Beisetzung statt. Bei jeder Beerdigung war nahezu die Hälfte der Einwohner des Dorfes anwesend. Wenn auch der Anlass nicht heiter stimmte, so empfand ich doch Dankbarkeit, in solchen Stunden das Wort Gottes verkünden zu dürfen, denn die Anwesenden waren aufnahmebereiter und ansprechbarer als sonst.

Als Mutter mich einmal in Adlum besuchte, nahm sie an einem Requiem teil und verfolgte die Beisetzung vom Küchenfenster des Pfarrhauses aus, das zum Friedhof hin gelegen ist. Dies muss nach Vaters Tod die erste Beisetzung gewesen sein, der sie beiwohnte. Anschließend erzählte sie mir ihre Eindrücke, vor allem, wie bewegt sie sei von der Aufrichtigkeit und Gläubigkeit der Trauergemeinde. Mutter kam selten, und wenn sie kam, war ihr Besuch nur sehr kurz. Sie wollte einfach so schnell wie möglich wieder nach Hause. Am Tag der Abreise stand ihr gepackter Koffer schon seit frühmorgens auf dem Treppenabsatz. Ich wusste dann, dass sie es eilig hatte. Sie sagte auch, dass sie das Ruhegebet am besten zu Hause beten könne, denn da, wo sie hingehöre, ströme ihr auch die größte Ruhe zu.

Peter, Du hast allen Grund, dankbar zu sein. Danke dem Himmel für das beste Geschenk, das er Dir verleihen konnte: begeistert zu sein und das glückliche Talent, andere begeistern zu können. Bleibe für alles dankbar, das Du erfahren durftest und weiterhin erfährst. Dankbarkeit ist das Gedächtnis des Herzens, das sich ständig an besondere Gaben erinnert, an Beglückendes, und sie zu bewahren weiß. Dankbarkeit ist der geheime Schlüssel zum Himmel.

Wir alle sind immer wieder in Gefahr, unser Augenmerk auf das zu richten und alles zu registrieren, was uns das Leben versagt und was uns schmerzt. Was uns dagegen geschenkt wird und erfüllt, nehmen wir gern als eher selbstverständlich hin und für Selbstverständliches ist niemand dankbar. Es gilt deshalb, sich immer wieder bewusst zu machen, was uns geschenkt wird und beglückt, vor allem aber, wer es ist, der uns immer neu gute Gaben zuströmen lässt.

Die Welt wie auch wir selbst haben nun leider nicht nur lichte, sondern auch finstere Seiten, die uns oft ängstigen und bedrängen. Um zum Ausgleich und zur eigenen Mitte zu kommen und darin zu bleiben, ist es notwendig, dem Göttlichen in uns Raum zu gewähren. Nur wer fähig ist, das Wahre und das Heilige auch mitten im oft verschatteten Alltag wahrzunehmen, hat ausreichend Gegenkräfte, um nicht vom Hässlichen und Bestürzenden, das sich täglich überall in der Welt wieder ereignet, verwirrt und deprimiert zu werden. Leider überhäuft man uns in einem unerquicklichen Hang zum Sensationellen Tag für Tag in Wort und Bild mit dick aufgetragenen negativen Nachrichten. Um die wichtigen Tagesereignisse sollte man zwar wissen und nicht die Augen vor Tatsachen verschließen, doch ein Zuviel – und dann noch ohne das ausgleichende Gebet der Hingabe – wird über einen zu langen Zeitraum in unserem Bewusstsein gespeichert und führt zu Störungen. Was wir ständig im Auge und im Herzen haben, das formt uns auf die Dauer auch – oft ohne es gar zu bemerken.

Wir sollten sorgsam mit unserer Zeit umgehen und wissen, was wir uns zumuten dürfen und was nicht. Wir sollten wissen, was wir betrachten und um was wir unsere Gedanken kreisen lassen. Zur Lebenskunst gehört unbedingt Disziplin, die manchen Gedanken und manche Vorstellung nicht zulassen darf, damit wir nicht fehlgeleitet und durch etwas geprägt werden, das nicht unserer wahren Natur entspricht. Ist es nicht erhebend und bereitet es nicht eine wunderbare Freude, in Ruhe in sich selbst zu wohnen?

Die Unternehmerin: »104 Jahre alt möchte ich werden«

Wenn Mutter es auch nicht wahrhaben wollte, so hatten doch die Existenzschwankungen in der Firma, der Einbruch und die damit verbundene Fesselung und der Psychoterror, den sie zeitweise meinetwegen aushalten musste, sehr an ihren Nerven und an ihrer Gesundheit gezerrt. Oft sagte sie zwar – und das eher witzig –, dass sie 104 Jahre alt werden würde und noch viel Aufgaben vor sich sehe. Nachdem sie sich in einer früheren Krise, in die zusätzlich noch eine Operation fiel, sowohl bewusst als auch betend auf die Seite des Lebens gestellt hatte, wurde sie mit allem, das sie psychisch oder körperlich belastete, entschieden besser und schneller fertig. In den letzten Jahren ihres Lebens litt Mutter unter starken sporadisch auftretenden Gallenschmerzen. Sie sprach nicht gern darüber, und wenn sie Schmerzen hatte, zog sie sich zurück.

Schaut man mich heute an, so sieht man, dass ich in der letzten Zeit doch sehr gealtert bin. Mir fallen ganz besonders meine trauerumflorten Augen auf. Ob sie die dramatischen Ereignisse meines Lebens widerspiegeln? Was auch geschehen ist, ich habe nicht eine Sekunde gezaudert oder gar den Versuch unternommen, aufzugeben.

Wie froh bin ich, Kinder zu haben, von denen ich weiß,
dass sie mich brauchen. Ja, selbst wenn Du nun schon ei-
nige Jahre Priester bist, spüre ich doch immer wieder, wie
Du Dich darüber freust, eine Mutter zu haben. Auch Inge
braucht immer wieder meinen Rat und hier und da auch
meine Gegenwart. Die beiden angenommenen Kinder
machen ihr doch viel Sorge, besonders der Junge.

Mein Leben ist ausgefüllt von der Verantwortung für
meine Kinder und gleichzeitig habe ich es mir zur Pflicht
gemacht, dafür zu sorgen, dass der Betrieb, den Vater und
ich aufgebaut haben, weitergeführt wird. Ich bitte Gott
im Gebet darum, dass Du, Inge und ich gesund bleiben
und er mir noch lange den Mut zum Leben bewahrt. Über
jede von Herzen kommende Freundlichkeit bin ich glück-
lich und dankbar.

Die innere Freude und die Strahlkraft, die von Mutter
ausgingen, wurden mit zunehmendem Alter noch leuch-
tender. Hinzu kam ihre Dankbarkeit dem Leben und Gott
gegenüber. Über ihr Gebetsleben sprach Mutter selten,
doch heute weiß ich aus ihren Aufzeichnungen im Blau-
en Buch, wie intensiv es war. Sie kam immer wieder auf
das Ruhegebet zurück, das sie täglich pflegte, und die
wunderbaren lichtvollen Erfahrungen, die sie damit verband. Allem gegenüber war ihr Herz weit, sie versuchte,
noch da zu verstehen – wie sie selbst oft sagte –, wo das
eigentliche Verstehen aufhörte. Ihre Worte wurden zum
gelebten Leben und nichts blieb Theorie. Dabei war Mutter durchaus in der Lage, wenn sie auf ihr Leben zurück-
blickte, Verhaltensweisen einzugestehen, die sie später
nicht mehr für gut hielt.

Oft machte ich mir Sorgen, dass Mutter nun schon fast dreißig Jahre nach Vaters Tod in ihrem Haus allein lebte. Doch machte ihr das Alleinsein, wie sie immer wieder betonte, gar nichts aus – sie genoss es sogar. Hinzu kam, dass liebe Menschen sie oft und regelmäßig besuchten, ja, es waren auch einige junge Menschen, die sie fest in ihr Herz geschlossen hatte. Für sie setzte Mutter sich engagiert ein, wenn sie sowohl persönlich als auch in der Schule oder im Beruf Schwierigkeiten hatten.

Meinen Glauben habe ich oft als ein ausweglosas Gehen in eine unwirkliche Zukunft angesehen. Ich konnte mich einfach nicht aus meinen Gedankenknäueln lösen, die sich mir immerzu aufdrängten. Krampfhaft habe ich nach fernen Lichtpunkten gesucht, sie aber nicht gefunden. Ich versuchte, mir eine harmonische Welt vorzustellen und an etwas Beruhigendes zu denken. Doch allzu bald schon holten mich meine vielen ungeordneten Gedanken und die ungelösten Probleme ein, um mich in die unbarmherzige und raue Wirklichkeit zurückzuholen.

Wenn man über Jahrzehnte kein praktisches Mittel gefunden hat, um sein Inneres zu ordnen und von allem zu befreien, was nicht zu einem gehört, hat sich viel Ballast aufgeschichtet, den man wie eine schwere Bürde überall mit sich herumträgt. Wie unendlich dankbar bin ich Dir daher, dass Du mich an das Ruhegebet herangeführt hast, durch das ich sowohl Befreiung erfahren habe als auch Verständnis für vieles, was für mich über Jahre unverstehbar war. Vor allem aber hat der Wurzelgrund meines Glaubens eine Belebung erfahren, sodass mein Glaube, den ich mit einem wiederbelebten Baum vergleichen möchte, nicht nur grünt und blüht, sonders bereits auch Früchte trägt.

Wie viel Arbeit hast Du noch vor Dir, den Menschen diesen Weg aufzuzeigen. Nimm Dir viel Zeit für die individuelle Seelsorge. Denn ist erst jemand einmal auf dem rechten Weg, wird er auch ganz von selbst voranschreiten. Ich glaube, man muss den Menschen viel Zeit schenken und ihnen zusätzlich viel Zeit lassen, damit sich durch Ruhe ihr Inneres ordnet und reinigt. Was ist das für ein wunderbarer Prozess der Heilung, den der Schöpfer in unsere Hände gelegt hat. Jedes Gefühl, das in uns aufsteigt, hat seine Berechtigung und möchte uns etwas mitteilen. Wie viel Unausgesprochenes tragen die Menschen mit sich herum, das ihnen auf die Dauer und durch Mehrung zu einer ungeheueren Belastung wird. Die tiefgreifenden Wege zur Befreiung, die Christus uns vorgelebt und hinterlassen hat, sind teilweise in Vergessenheit geraten und rationale Denkmethoden haben sich breitgemacht und Wesentliches verdrängt.

Viele Zusammenhänge in der menschlichen Psyche sind uns ja noch völlig unbekannt. Wissen wir, was die Seele alles an Erlebnissen und Erfahrungen gespeichert hat und wie sie von ihnen geprägt wurde? Hinter jedem Menschen und seinen Vorfahren liegt doch das Dunkel von vielen Jahrhunderten, das niemand imstande ist, zu durchleuchten. So müssen wir mit manchen Geheimnissen leben, doch vor allem uns zur Aufgabe machen, die Gegenwart verantwortungsvoll zu gestalten und sie mit viel Liebe zu füllen.

Nachdem ich gut drei Jahre Pfarrer von St. Georg in Adlum bei Hildesheim war, übertrug mir Bischof Homeyer die Aufgabe, im Weserbergland ein geistliches Zentrum zu gründen. Es war der Herbst des Jahres 1989.

Mutter erfuhr gern von all den Neuerungen und freute sich mit mir, dass endlich ein großer Wunsch in Erfüllung ging. In dieser Zeit schrieb sie in ihr Blaues Buch, sie sei sehr froh darüber, Spuren von bleibendem Glücklichsein bei mir zu erkennen.

Gott spricht die Seele des Menschen an durch täglich unzählige Anrufe. Sind wir psychisch in der Lage, uns zu öffnen für diesen Leben spendenden Strom, so füllt sich unser ganzes Sein mit Gnade. Es ist etwas ganz Wunderbares – im wahrsten Sinne des Wortes –, dass wir immer wieder Zugang zu dieser Erfahrung haben, die der Herr uns in Fülle schenken möchte. Ein großer Reichtum und die gesamte Kraft des Schöpferischen steht uns offen. Diese Erkenntnis und ansatzweise Erfahrungen in dieser Richtung erfüllen mich mit großer Dankbarkeit und Freude. Ich stelle bei Dir fest – jetzt, wo Du ganz und gar in Deiner neuen Aufgabe aufgehst –, dass mehr und mehr Spuren von bleibendem Glücklichsein sichtbar werden. Wie wunderbar ist das!

Während ich hier sitze und schreibe, fällt mein Blick in den Garten, der noch immer Spuren des Winters trägt. Die hellen und warmen Sonnenstrahlen unterstützen mein inneres Glücklichsein. Ich habe die Gewissheit, dass sich bald wieder alles in der Natur, und damit meine ich auch mein eigenes Leben, neu belebt und entfaltet, grünen, blühen und Früchte tragen wird. Unter allem Vergängli-

chen pulsiert das Unvergängliche. Ich kann daher die Menschen nicht verstehen, die so viel Aufhebens von der Vergänglichkeit der Dinge machen und gar ihr Leben durch sie leiten lassen. Sind wir denn nicht dazu da, daran zu arbeiten, um das Vergängliche unvergänglich zu machen?

Mutter begann in dieser Zeit, bei sich innere Werte freizulegen und zu schaffen, die meines Erachtens Ewigkeitscharakter besitzen. Sie mied allzu schnell Vergängliches und ihre Gottesbeziehung wuchs mehr und mehr. Am 1. März 1990 planten wir, ihre Familie, ihren achtzigsten Geburtstag ein wenig »angemessener« zu feiern als ihre Geburtstage in den vergangenen Jahren und Jahrzehnten. Doch Mutter lehnte dies ab. Ihr Wunsch war es, diesen Tag allein mit meiner Schwester und mir außerhalb von Rheine zu verbringen. Wir erfüllten ihr diesen Wunsch, doch hätten wir es auch gern gesehen, Mutters Ehrentag im Kreise der gesamten Familie festlich zu begehen. Ein Fragment eines Briefes, den sie in dieser oder ähnlicher Weise an die Gratulanten geschickt hat, enthält die Worte:

Zunächst möchte ich um Verständnis bitten, dass ich an meinem achtzigsten Geburtstag nicht zum Empfang der Glückwünsche zu Hause war, sondern diesen Tag mit meinen Kindern verbrachte.

Die Überraschung, die sich mir bot, als ich bei meiner Rückkehr die Wohnung voller Blumen und mit so liebevoll ausgesuchten Geschenken vorfand, lässt sich kaum vorstellen. Die Erlebnisse eines langen schönen Lebens wurden lebendig, das zwar manches Schwere in sich barg, aber doch von der Erinnerung an glücklich verlebte Stunden überstrahlt ist.

Ich bitte um Verständnis, dass ich die Zeit, die ich eigentlich auf das persönliche Danksagen verwenden sollte, mit dem besinnlichen Lesen der Glückwünsche verbringe. Ich glaube den Gratulanten am besten zu danken, wenn ich mich mit ihnen daran erinnere, wie schön trotz allem Schweren dies gemeinsam gelebte Leben war.

Ein Höhepunkt

Im »Haus Cassian«, mit direkter Anbindung zum Schaumburger Wald, begann jetzt für mich eine sehr glückliche Zeit. Als die Kapelle, der Mittelpunkt des Hauses, mit allem Notwendigen fertiggestellt war, dachte ich an eine Einweihung des »Haus Cassian« durch Bischof Homeyer. Er sagte zu. Johannes Cassian (360 bis 435), der lange bei den Wüstenvätern lebte, war der Erste, der das Ruhegebet und seine Einübung schriftlich überlieferte, sodass man auf diese reine geistliche Quelle jederzeit zurückgreifen kann. Viele Gäste nahmen an der Einweihung von »Haus Cassian« in Rohdental teil, so auch Mutter, die mir am 12. Juli 1990 den folgenden Brief schrieb:

Mein lieber Peter!

Am liebsten hätte ich Dir gleich nach unserer Rückkehr aus Rohdental gesagt, wie mir ums Herz war. Du wirst es empfunden haben, wie bewegend die Einweihung des Bildungshauses durch Bischof Homeyer war. Die Freude des Wiedersehens mit den Menschen, die mir im Laufe der Jahre doch sehr ans Herz gewachsen sind, war sehr groß. Wie Du weißt, liegen mir der Bischof, Domkapitular Holst und Pfarrer Janotta sehr. Das Zusammensein war von einer solch beglückenden Harmonie, wie es nur die Liebe bewirken kann. Grund genug für eine tiefe Dankbarkeit!

Gefreut hat mich vor allem, wie wunderbar sich in Deinem Werdegang alles gefügt hat. Du hast jetzt eine lebensfüllende Aufgabe und Deine Zielrichtung ist klar. Es war wunderschön, Dein Referat zu hören: mit welcher Festigkeit und Entschiedenheit Du Dein geistiges Konzept darlegtest. Du hast Dich wirklich im Laufe der Jahre immer stärker profiliert. Die unendlich vielen Schwierigkeiten und Umwege haben sicherlich bewirkt, zu dieser Klarheit zu finden.

Dein Weg war beschwerlich und ist es noch, weil einige Menschen Dir bewusst immer wieder Steine in den Weg gelegt haben, weil Neid und Missgunst Deine Erfolge jeweils begleiten. Wesentlich ist, dass Du zu Deinem Auftrag stehst. Sind nicht durch alle Deine Erfahrungen und gerade durch die bitteren Erkenntnisse Deine Widerstandskräfte und das, was Deinen inneren Reichtum ausmacht, gewachsen und gereift? Könntest Du Menschen führen und begleiten, wenn diese Lebenserfahrung Dir erspart geblieben wäre? So kannst Du rückblickend eigentlich für das Schwere dankbar sein.

Alles hat seinen tiefen Sinn, den man oft gar nicht erkennen kann; und trotzdem muss man in undurchschaubaren Situationen das Leben konkret weiterleben. Das wirst Du mir bestätigen. Ich glaube, es ist ein Wort von Werner Bergengruen. Er sagt: »Jeder Schmerz entlässt uns reicher.« Alles Überwundene führt auch zu einer größeren inneren Freiheit und damit in eine tiefere Geborgenheit.

Von tragender Wichtigkeit ist die Tatsache: Der Bischof steht hinter Dir. Das war deutlich spürbar. Mit dieser Gewissheit wirst Du mehr und mehr lernen, die Misshelligkeiten zwar wahrzunehmen, aber nicht daran zu

zerbrechen. Je mehr Du lernst, das Wesentliche vom Un-
wesentlichen zu trennen, desto weniger werden Dich
unqualifizierte oberflächliche Redereien herunterziehen.
Du wirst über diesen Dingen stehen.

Das »Haus Cassian« ist von einem guten Geist geprägt
und Du verkörperst ihn. Es geht doch nichts und rein gar
nichts über den inneren Gleichklang mit dem Willen
Gottes. Das Ruhegebet ist die beste Einübung dazu, die
ich kenne. Eine weitere Voraussetzung besteht aber auch
darin, den nötigen Freiraum des anderen zu respektieren,
um sich in Freiheit entfalten zu können. So nur kann die
Gemeinschaft mit Gott und die menschliche Gemeinschaft zu einer Leben spendenden Kraft werden.

In tiefer Verbundenheit und Liebe, Deine Mutter

P.S. Ich fand eine Aussage bei Goethe, die ich Dir gern
mit auf den Weg geben möchte. »Kühn handelt jedes Mal
der Gottberufene; ich hab's gewagt, ist sein Wahlspruch,
nicht darf ich? kann ich? wer steht bei mir? wird's auch
werden? Sonst geschähe in der Welt nichts.«

(Trost bei Goethe.
Herausgegeben von Heinrich Tieck. Wien [29]1960,77.)

Die Misshelligkeiten, von denen Mutter in ihrem Brief
spricht, gingen von einigen Mitbrüdern aus, die der Überzeugung waren, eine Neugründung wie »Haus Cassian«
sei bei den vielen Bildungsangeboten der Diözese nicht
notwendig gewesen. Außerdem wäre es besser, wenn ich
eine Gemeinde übernommen hätte oder ihnen bei ihren
vielen Aufgaben zur Seite stehen und helfen würde. Auch
einige Nachbarn von »Haus Cassian« waren mir nicht

gut gesonnen. Obwohl ich einen »Tag der offenen Tür« anbot und viele das Haus von innen sahen, legte sich eine gewisse Aggression gegen mich nicht. Ich wurde sogar auf offener Straße beschimpft, ich hätte einen schleimigen Beruf und solle verschwinden – ja, ich wurde sogar mit einem Spazierstock tätlich angegriffen. Doch mit der Zeit lernte ich, damit zu leben und dem inneren Geschehen mehr Wert beizumessen. Mutter erzählte ich nichts von diesen Dingen, denn ich wollte ihr das Herz nicht schon wieder schwer machen.

Manchmal glaube ich jedoch, aus ihren Texten herauszulesen, dass sie manches unliebsame Geschehen spürte.

Seit meiner frühen Jugend liebe ich die Natur, vor allem Bäume und Blumen. Ich brauche Helligkeit und viel Grün – besonders im Winter vor dem Fenster meiner Wohnung. Eine Blume bedeutet mir weitaus mehr als Schmuck und Diamanten. Auch die Vögel erfreuen mein Herz, wenn sie im Frühjahr anfangen zu singen. Die Natur schenkt mir überaus viel Freude, von Menschen jedoch kommt diese Freude seltener.

Mein Leben! Ich war der Rebell in der Familie. Meine Mutter hatte dauernd Angst um mich, was ich wohl alles wieder anstellen würde. Meine Ehe, die mich beschützte, gab mir viel Kraft und Lebenssinn, ebenso meine beiden Kinder. Doch 1964 kam das Ende: Durch einen tragischen Autounfall verlor ich meinen Beschützer. Das Leben schien für mich verloren. –

Nach Peters Weggang aus der Firma 1976 – es war ein Wagnis – fühlte ich mich stärker denn je für die Firma verantwortlich. Zunächst verlor ich die Bodenhaftung, als ich mich in einem Bereich wiederfand, wo Macht verteilt wurde. Von dieser Perspektive aus sah ich die Welt neu, es ist schon eine sehr merkwürdige, vor allem die Welt der Frauen. Wo sieht man heute noch eine gut angezogene Frau? Oft möchte ich den jungen Frauen in ihren schmuddeligen Jeanshosen zurufen: »Nun geht erst einmal schön nach Hause und zieht eure dreckigen Sachen aus, denn der Anzug ist die Visitenkarte des Lebensgefühls.« Viele junge Frauen sind heute unterwegs zu falschen Zielen; oft werden sie Opfer ihres eigenen Jugendwahns. Schauen wir nur auf das Elend der heute total durchorganisierten Freizeit! Da spielen sie Golf, da jagen sie über Tennisplätze bis zur Erschöpfung, da hängen sie sich in Fitnessstudios an schreckliche Marterapparate und alles wirkt auf mich wie eine ansteckende Krankheit und wie eine Sucht. Eine Frau macht es der anderen nach und nur wenige folgen ihrem inneren und wahren Bedürfnis.

Das Leben wird erst zu einem individuellem und harmonischen, wenn jeder wie bei einem Orchester sein Instrument selbst stimmt, sei es eine Geige, ein Cello, eine Flöte, ein Klavier. Wenn ich jetzt mit achtzig Jahren nicht sage, was ich wirklich denke, wann sollte ich es dann tun? Wenn man mich nach dem schönsten Jahrzehnt meines Lebens fragen würde, dann wäre die Antwort: Das war das Jahrzehnt, in dem meine Kinder geboren wurden.

Ich stehe oft fassungslos vor dem Karrierefieber vieler junger Frauen, die gar nicht merken, dass sie unaufhörlich dafür bezahlen. Ich bin davon überzeugt, dass viele Frauen bei dieser rasenden Fahrt hinein in die Selbstverwirklichung die eigene Balance verlieren und gar noch andere Menschen in diesen Sog nach unten mit hinein-ziehen.

Ich glaube fest, dass in den nächsten Jahren bis zur Jahrtausendwende die Erde gründlich auf den Kopf gestellt wird, eine Entwicklung, die mir Angst macht. Hinzukommt, dass zwischenmenschliche Beziehungen immer kälter und kürzer werden und mehr der Verstand als das Herz spricht. Gott möge eine solche Verrohung nicht zulassen!

Ich fühle mich auf glückliche Weise alterslos und verrate auch gern mein Geheimnis, wie ich zu diesem herrlichen Zustand gefunden habe. Ich habe einfach immer meine Pflicht erfüllt, die mir der Tag abforderte, ohne jemals über die Belastung lange nachzudenken. Dies wurde mir jedoch erst möglich, nachdem ich mit dem Ruhegebet begonnen hatte und es täglich übte. Ich lernte schnell, nicht mehr so viel um mich selbst zu kreisen und viele Dinge nicht mehr so wichtig und auf mich bezogen zu nehmen. Man hat es weitaus schwerer, wenn man sich selbst zu wichtig nimmt.

Die große Ehre

In dem darauffolgenden Jahr 1991 wurde Mutter eine große Ehre zuteil. Sie erfuhr großen Dank, dass sie während des Zweiten Weltkrieges zwangsverpflichteten Ukrainerinnen Hilfe zukommen ließ und das unter Einsatz ihres eigenen Lebens. Zwar hat Mutter selten darüber gesprochen, doch jetzt wurde durch Zeugen offenbar, was sie geleistet hatte. In ihrem Haus – Vater war an der Front – versteckte sie über einen längeren Zeitraum einige Ukrainerinnen, die ihren Zwangsarbeitsplatz verlassen hatten und sich angeblich etwas zuschulden kommen ließen. Am 25. September 1991 erhielt Mutter vom Oberkreisdirektor des Kreises Steinfurt folgenden Brief:

Sehr geehrte Frau Dyckhoff!

Zur Verleihung des Verdienstordens der Bundesrepublik Deutschland durch den Herrn Bundespräsidenten Richard von Weizsäcker möchte ich Ihnen auf diesem Wege meine herzlichen Glückwünsche übermitteln.

Ich freue mich, dass Ihr langjähriger Einsatz auf sozialem und humanitärem Gebiet nun auch eine sichtbare Würdigung erfährt. Möge Ihre Hilfsbereitschaft, die sich oftmals anonym und im Stillen vollzog, für andere Menschen ein Ansporn sein, sich in den Dienst der Mitbürger zu stellen. Auch als Arbeitgeberin haben Sie Ihre Mitsorge für den Nächsten unter Beweis gestellt, als es darum

ging, den Fortbestand der Arbeitsplätze in Ihrem Unter-
nehmen zu erhalten.

Anlässlich dieser besonderen Ehrung möchte ich Dank
sagen für Ihr Wirken zum Wohle der Mitbürger.

Mutter war überrascht und erstaunt, dass sogar von
höchster Stelle ihrer gedacht wurde. Am 9. Oktober 1991
sollte die Verleihung des Bundesverdienstkreuzes an Mutter im Ratssaal des alten Rathauses in Rheine durch den
Landrat des Kreises Steinfurt, Herrn Martin Stroot, stattfinden. Nun gab es kein Entrinnen mehr, Mutter musste
sich wenigstens einmal in ihrem Leben in voller Konsequenz der Öffentlichkeit stellen. Sie war in keiner Weise
aufgeregt, sondern wirkte gelassen und souverän. Ich bin
sicher, dass Mutter sich außerordentlich über diese Ehrung freute, die an Ende ihres Lebens ihr soziales Engagement noch einmal zusammenfasste. In ihr Blaues Buch
schrieb sie von diesem Ereignis nichts, nur eine Eintragung fällt in diese Zeit. Sie spricht von zwei Charaktereigenschaften, einer fehlerhaften und einer Eigenschaft,
die ihr in jeder Lebenssituation außerordentlich geholfen
hat.

Viele Charaktereigenschaften sind mir eigen, an denen
ich noch kräftig arbeiten muss. Ein großer Fehler war es
von mir, dass ich Dich, Peter, als mein Kind besitzen
wollte und ich Dir die Aufgaben und Ziele Deines Lebens
vorschrieb. Viel zu spät habe ich mich an die Worte von
Dechant Fabry erinnert, die er mir bei Deiner Taufe ins
Herz zu schreiben versuchte. Er sagte schlicht und ein-

fach, dieses Kind sei mir nur geliehen. Was konnte ich damals bei der Freude über unser erstes Kind schon mit einem solchen Wort anfangen?

Im Gegensatz hierzu möchte ich noch eine Charaktereigenschaft nennen, die sich durch mein ganzes Leben zieht und sich besonders in angespannten Ausnahmesituationen bewährt hat. Sie hat nicht nur für mich, sondern auch für andere Menschen zu einer großen Bereicherung geführt. Schon früh nahm ich wahr, dass meinem Charakter eine Dimension, wie es das Absolute haben muss, innewohnt. Wenn ich einmal die wahren Gründe und Hintergründe einer Sache erkannt und daraus ein Ziel entwickelt habe, kann ich mich zurücknehmen und schweigen, bis der rechte Zeitpunkt kommt. Du weißt, Peter, dass ich manches in Deinem Leben als falsch oder als Irrweg erkannte, Deinetwegen oder der Sache wegen allerdings vorerst schweigen musste, bis ich oft erst nach Jahren mit dem, was mir schon lange klar war, ans Licht treten konnte. Meinen Zweck hielt ich immer fest, wenn ich auch zwischenzeitlich viel dulden und auf mich nehmen musste. Kam dann der rechte Augenblick zur Ausführung meines Zieles, stand mir eine fast unbändige Kraft zur Verfügung. Was auch geschah – ich musste die einmal erkannte Wahrheit durchsetzen. Es sagte mir einmal jemand, ich könne kämpfen wie eine Löwin für ihre Jungen.

Der Tag der Verleihung des Bundesverdienstkreuzes rückte immer näher, doch Mutter sprach nicht darüber. Wir verschickten die Einladungen zu dieser Feier und Mutter entwarf eine humorvolle Rede, die sie als Dank halten

9. Oktober 1991: Mutter während ihrer Dankesrede anlässlich der Verleihung des Bundesverdienstkreuzes im Ratssaal des alten Rathauses in Rheine

wollte. Leider bewahrte sie diesen Text nicht auf. Der Festakt, zu dem viele Menschen kamen, verlief ruhig und feierlich – in seiner Gangart Mutter angemessen. Unmittelbar vor der Verleihung des Bundesverdienstkreuzes wurde die folgende Begründung durch den Bürgermeister von Rheine vorgetragen.

Frau Maria Charlotte Dyckhoff, geboren am 31. März 1910, hat sich durch ihren persönlichen Einsatz auf sozialem und humanitärem Gebiet auszeichnungswürdige Verdienste erworben.

Während des Zweiten Weltkrieges leistete sie, trotz des damit verbundenen Risikos, einer größeren Anzahl von zwangsverpflichteten Ukrainerinnen Hilfe, indem sie aus eigenem Besitz sowie von Verwandten und Bekannten Lebensmittel, Kleidung, Schuhe usw. sammelte. Sie stand dieser Personengruppe als Ansprechpartnerin zur Verfügung und half, wo sie konnte. Sie versteckte einige Ukrainerinnen in ihrem Haus, um sie vor einem Weitertransport in ein Vernichtungslager zu schützen.

Weiteres soziales Engagement zeigte Frau Dyckhoff in der Zeit von 1940 bis 1945 als ehrenamtliche Betreuerin des Deutschen Roten Kreuzes; verletzten und sterbenden Soldaten stand sie in schweren Stunden bei. Auch in den Nachkriegsjahren hat Frau Dyckhoff vielfach ihre Hilfsbereitschaft und Verantwortung für den Mitmenschen unter Beweis gestellt. So half sie, oft anonym und unerkannt, mit Sachspenden und Lebensmitteln bedürftigen Personen und Familien. Sie machte Krankenfahrten, begleitete ältere Menschen bei Arztbesuchen, vermittelte bei Eheschwierigkeiten, stand mit Rat bei Behördenange-

legenheiten zur Seite und sie wusste auch in anderen
Notlagen des täglichen Lebens zu helfen.

Nicht zuletzt als Arbeitgeberin stellte sie ihre Mitsor-
ge für den Nächsten unter Beweis, als es darum ging, den
Fortbestand der Arbeitsplätze ihrer Mitarbeiter zu er-
halten.

Sich selbst auf Fotos anzuschauen, fand Mutter entsetzlich. Wenn man sie nach dem Grund fragte, antwortete
sie, sie sähe heute infolge ihres Autounfalls und einer
Drüsenoperation an der linken Halsseite völlig verändert
aus. Sie trauerte ihrem früheren Aussehen etwas nach.
1950 hatte sie zusammen mit Vater, der am Steuer saß, in
der Nähe von Moers einen schweren Autounfall. Auf ge-
rader Landstraße bog plötzlich ein Radfahrer, ohne anzu-
zeigen, nach links über die Straße und Vater fuhr mit großer Geschwindigkeit genau auf ihn zu. Um ihn nicht zu
überfahren, riss Vater das Steuer nach rechts und landete
mit voller Wucht vor einen Straßenbaum.

Er konnte aussteigen und Mutter, die blutüberströmt
und bewusstlos neben ihm zusammengesunken war, aus
dem Auto in den Straßengraben ziehen. Einige Sekunden
später explodierte der Benzintank und das Auto brannte
total aus. Als ich Vater und Mutter im Krankenhaus in
Moers besuchte – ich war damals zwölf Jahre alt –, erkannte ich beide nicht wieder, so entstellt waren ihre Gesich-
ter von dem Aufprall. Zum Glück konnte man Vaters Au-
genlicht trotz großer Schnittwunden rund um den Augapfel retten. Mutters Kopf lag in einem Gipsverband; ihr
linkes Bein war hochgebunden. Beide konnten kaum sprechen und ich hatte eine solche Angst, wie ich sie von den

Bombennächten her kannte. Hier hatte Mutter gebetet, doch jetzt, im Anblick meiner verletzten Eltern, musste ich es selbst tun. Als ich auf einem Hinterhof der Polizeistation das verkohlte Autowrack sah, dankte ich Gott, dass er meine Eltern noch gerade vor der Explosion hat aussteigen lassen. Die Verwundungen heilten relativ schnell, doch Mutter musste nach ihrer Entlassung aus dem Krankenhaus in Rheine noch zweimal an ihrer Nase operiert werden. Seither trauerte sie ein wenig um ihre große schlanke Nase, die früher ihr Profil so ausdrucksstark erscheinen ließ.

Nach dem Unfall und den Operationen hatte sie eine kleinere Nase, die ihr absolut nicht gefiel. Hinzukam noch, dass Mutter nach einer Drüsenoperation, bei der versehentlich ein Nerv durchgetrennt wurde, beim Sprechen, aber vornehmlich beim Lachen, eine nach links verschobene Unterlippe zeigte, auf die sie keinen Einfluss hatte. Manchmal sagte sie scherzhaft, der liebe Gott habe sie gestraft, da sie früher wohl zu eitel gewesen sei. Mit zunehmenden Jahren konnte sie beides gut annehmen und sogar Scherze im Beisein anderer (Zitat: »meine schiefe Schnauze«) darüber machen.

Des Öfteren mahnte Mutter mich – vor allem, als ich zu schreiben begann –, etwas mehr Mut zum Fragment zu haben. Sie war der Überzeugung, alles Perfekte trage auch die Gefahr in sich, leblos zu sein.

Entwurf eines Briefes an Peter vom 6. 12. 1991

Peter, warum muss alles in Deinem Leben vollkommen sein, die Arbeit, die Du tust, die Menschen, die Du liebst? Unvollkommenheit erschreckt Dich, denn Du glaubst, sie bedeutet Versagen. Du solltest nicht nach etwas verlangen, was es in dieser Welt und in der Natur gar nicht gibt: Vollkommenheit. Ich glaube, dass unser Leben nicht viel anders verlaufen kann als das, was uns die Natur offenbart. Der Baum verliert seine Blätter und bei Sturm teilweise auch seine Äste und bleibt doch Baum. Platz für Nachwachsendes und Neues ist geschaffen; obwohl er kahl und ruppig aussieht, ist er bereits voll neuen Lebens. Kannst Du nicht lernen, das zu erkennen und zu leben?

Jage keinem Traum nach, sondern bleibe in der Wirklichkeit, dann bist und bleibst Du und alles, was Du tust, auch glaubwürdig. Vergiss niemals, Peter, dass Du lebensfähiger und in manchem kreativer bist als manche Menschen, die Du beneidest. Genies sind oft tollpatschig, hilflos und verloren, wenn es um alltägliche Dinge geht oder gar um ein einfaches Leben. Nutze Du Deine eigenen Talente und bleibe vor allem niemals stehen. Möge Deine Entwicklung Dich lebenslang immer näher zur nie versiegenden Quelle des Lebens, zu Gott, führen.

Lass Deine Gaben, zu lieben und zu geben, niemals verkümmern. Ziehe Dich auch nicht für längere Zeit in Dich selbst zurück, nur weil Du einmal einen Fehler gemacht hast oder irgendjemand Dich verletzt hat.

Dein Sinnen und Streben nach Vollkommenheit stößt meines Erachtens an Grenzen. Bedenke auch, dass Du wahre Schönheit in ihrer Vollkommenheit gar nicht wahrnehmen kannst und dass in allem und in allen immer ein

Stück Unvollkommenheit vorhanden ist. Wenn Du anfängst, die Unvollkommenheiten zu akzeptieren, wirst Du auch anfangen, ein guter Schriftsteller zu werden. Deine Arbeit ist sehr vielversprechend. Wenn Du aufhörst, in allem so übergenau zu sein, bist Du schon ein ganzes Stück besser. »Peinlich genau« ist das richtige Wort. Wenn alles so schrecklich genau und fehlerlos wäre, dann wäre es auch leblos.

Gnade zur Reise

In den letzten Jahren ihres Lebens hatten die Auseinandersetzungen zwischen Mutter und mir ein Ende genommen – bestimmt schon seit der Zeit, in der ich zum Priester geweiht wurde. Im folgenden Text jedoch, den sie mit »Leiden nach Vaters Tod« überschrieben hat, kommt sie in ihren Aufzeichnungen ein letztes Mal darauf zurück. Gleichzeitig erwähnt Mutter, dass sie inzwischen eine unzerstörbare Kraft in sich trägt, die in der Ewigkeit verwurzelt ist. Rückblickend darf ich sagen, dass der Herr Mutter rechtzeitig viel Gnade zur bevorstehenden Reise ins Herz gelegt hat.

Ich habe sehr lange und intensiv nach einem passenden Weg für mich gesucht. Dabei blieben mir viele Umwege nicht erspart. Zeitweilig dachte ich, Dein Leben zu lenken sei meine Hauptaufgabe, Dich vor Unheil und Menschen zu bewahren, von denen ich glaubte, sie würden Dich ausnutzen. Doch je mehr ich in Dein Leben eingriff, umso schmerzlicher war mir zumute. Ich spürte den großen Wunsch in mir, glücklich zu sein, und ich hörte nicht auf zu suchen. Es war ein Suchen nach innerer Ruhe und Geborgenheit, die ich seit Vaters Tod spontan verloren hatte. Heute weiß ich, dass ich damals all meine Vorstellungen und Wünsche auf Dich projiziert und dabei selbst nichts unternommen habe. Ich war jahrelang wie gelähmt und lebte wie ein Gefangener, den nicht nur die

Lebensumstände eingeschlossen hatten, sondern der sich auch selbstquälend abgesondert hatte.

Das Leiden um mich herum, das ich zum Teil selbst verursachte, habe ich mit Ausdauer getragen und mich gefragt, ob diese Bereitschaft zu leiden nicht für das Entstehen der Unveränderlichkeit in mir verantwortlich war. Eine Antwort habe ich damals nicht gefunden und heute sage ich Nein.

Ich wusste seinerzeit nicht, dass ich schon immer eine unzerstörbare Kraft in mir trage, deren Wurzeln bis in die Ewigkeit hineinreichen. Ich wusste nicht, dass es einen Weg gab, zu mir zu kommen, der mich gleichzeitig von allem befreite, was sich mir entgegenstellte und was ich mir selbst an Hindernissen aufgeschichtet hatte.

In ihren Gesprächen zitierte Mutter neben der Bibel auch immer wieder Goethe. Schon seit ihrer Jugend war sie fasziniert von ihm und seinen Werken. Sie liebte bei ihm vor allem die Kunst, praktisch anwendbare Lebensweisheit in nur einem Satz auszudrücken. Mutter führte eine rege Korrespondenz und nicht selten flocht sie Goethe-Zitate in den Text ein, den sie gerade jemandem schrieb. Viele kannte sie auswendig, andere schaute sie in ihrer Gesamtausgabe nach, in der sie hervorragend Bescheid wusste.

Zu mir ins »Haus Cassian«, das sich inzwischen um zwei weitere Häuser vergrößert hatte, kam Mutter recht selten, und dann nur, wenn sie von einer lieben Bekannten gefahren wurde. Was sie an Neuerungen sah und was sie dort mit den Menschen erlebte, hieß sie gut, doch drängte sie nach kurzer Zeit, wieder nach Hause zu fahren.

Neben den Psalmen und der Weisheitsliteratur habe ich auch viele Erkenntnisse aus den Werken Goethes gezogen. Die Grundlage allen Erkennens ist für mich jedoch die eigene innere Ruhe, aus der heraus ich viel souveräner agieren kann als früher, wo ich weitaus mehr von meinen unerfüllten Wünschen, meinen Emotionen und meinen Vorstellungen angetrieben wurde.

Im Ruhegebet ist vieles hochgekommen, mit dem ich mich früher belastet habe. Einiges konnte ich – wie ich es bei Dir erfahren habe – ausgleichen, anderes stehen lassen, ohne dass es mich mehr bedrückt. Ich spüre eine starke Tendenz in mir, dass das Leben sowohl innerlich als auch äußerlich freien Raum haben möchte und auch braucht. Altes und Vergangenes, Ungelöstes und Bedrückendes lange mit sich herum zu schleppen, wird zu einer enormen Belastung und macht krank. Es ist seltsam und wunderbar, wie mit zunehmendem Abstand von allem Belastenden der Blick sich weitet und das Urteil sich rasch ändert.

Zu wissen, dass Du endlich Deinen Weg gefunden hast, der in der Lage ist, Dich von Grund auf glücklich zu machen, und die Praxis des Ruhegebetes lassen meine Seele zur Ruhe kommen und stimmen sie heiter. Intensiver noch gehe ich meinen begonnenen Weg und das Leben rundet sich mehr und mehr ab, sodass ich keine Angst mehr habe, wenn sich die Reise vollendet.

Mehr und mehr spricht Mutter in ihren Aufzeichnungen vom Sterben und vom Tod. Im Geheimen wünschte sie sich ein leichtes Sterben, so wie sie es jedes Jahr im Herbst in der Natur voll Bewunderung und auch Wehmut beobachtete.

Nachdem Timmy, ihr geliebter Dackel, gestorben war – er wurde siebzehn Jahre alt –, sagte Mutter häufig: »Er ist mir vorausgegangen, ich werde bestimmt bald folgen.« Beide waren in den vielen gemeinsamen Jahren zu einer Einheit verschmolzen und es war heiter und zugleich anrührend mit anzusehen, wie der eine auf den anderen Rücksicht nahm und ohne ihn keinen Schritt tat. Mutter war sehr froh, dass Timmy vor ihr ging, denn sein Überleben hätte Mutters Sterben sehr erschwert.

Oft denke ich über den Alterungsprozess nach, den wir alle durchmachen müssen. Gegen diesen Strom, der unweigerlich jeden Menschen erfasst, können wir nicht anschwimmen. Durch körperliches und geistiges Training habe ich es zeitweilig versucht – so vermessen war ich –, doch letztlich ohne wirklichen Erfolg. Älter zu werden ist ein Naturgesetz, gegen das sich niemand wehren kann. Viele Menschen, und das beobachte ich zunehmend in meinem Umfeld, welken unter Schmerzen dahin, die oft zusätzlich noch mit großem seelischen Leid verbunden sind. Das Welken ist zwar ein Naturgesetz, doch ist das menschliche Älterwerden meistens nicht mit der Anmut und Schönheit verbunden, die ich beim herbstlichen Sterben in der Natur erlebe. Die Rose verliert mit unendlicher Anmut ein Blatt nach dem anderen, ebenso die Tulpe und alle blühenden Blumen. Das menschliche Sterben hat nichts mit der Souveränität zu tun, die ich beobachte, wenn die bunten Herbstblätter sich von den Bäumen lösen und noch im Tod anfangen zu tanzen. Dieses Sterben in der Natur ist von einer Würde, einer Schönheit und einer Grazie, die sich jeder Mensch nur wünschen kann.

Ich schreibe Dir, Peter, meine Gedanken und Gefühle so ausführlich, damit Du sie beim späteren Lesen und vor allem beim Ausgang Deines Lebens ein wenig beherzigen kannst. Es sind meine Lebenserfahrungen und Erkenntnisse, die ich aus meinem reichen Leben in die fortgeschrittenen Jahre mit hinübernehme. Ich habe vor allem gelernt, Wichtiges von Unwichtigem zu unterscheiden. Gerede über andere interessiert mich absolut nicht mehr. Jeder sollte doch mit zunehmendem Alter toleranter und vor allem gütiger werden, nicht schon gleich nach dem ersten Eindruck ein Urteil über andere fällen.

Wenn ich mir heute noch etwas wünschen dürfte, dann wäre es zum einen, mehr Einblick zu bekommen in die Psyche der Menschen, und zum anderen, mehr Barmherzigkeit zu besitzen. Vielleicht fällt der letzte Vorhang auch schon bald endgültig für mich. Was wird uns auf der einen Seite erwarten und was bleibt an Wehmut und Trauer auf der anderen Seite zurück? Gibt es überhaupt etwas, das unwiederbringlich verloren ist? Ich glaube nicht.

Mutter wusste aus eigener Erfahrung nur zu gut, wie sowohl körperlicher als auch seelischer Schmerz einen Menschen durch und durch gefangen nehmen kann. Bei allem Schweren, das sie in beiderlei Hinsicht erfahren musste, kapitulierte sie niemals, sondern richtete sich immer wieder auf – mit festem Blick auf den Schöpfer, von dem alle Wandlung zur Auferstehung und zum Licht ausgeht.

Rückblickend darf ich aus meiner Erfahrung sagen, dass auch dem Schmerz, der mich zeitweilig gefangen hielt, ein Geheimnis innewohnt, das verwandelnde Kraft besitzt. Kapituliere nicht, wenn seelische oder körperliche Schmerzen Dich vorübergehend bannen. Sie werden niemals zu einem Dauerzustand, sondern sind der Wandlung unterlegen. Lache nicht über meine Worte, die aus meiner Lebenserfahrung stammen und darin ihren Grund haben: Schmerzen können sich veredelnd und erhebend auswirken und durch Wandlung zu Gold werden. Aus Tränen werden Edelsteine.

Es wurde mir nicht erspart, Schweres im Leben aus eigener Kraft zu verarbeiten und von verschiedenen Perspektiven aus anzugehen, doch das letztlich Entscheidende wird von Gott hinzugegeben und Wandlung geschieht durch ihn.

Wenn Mutter in früheren Zeiten von ihren Eltern sprach, gab sie fast immer ihrer Mutter den Vorrang. Mit zunehmendem Alter jedoch war es ihr Vater, von dem sie vermehrt sprach. Oft schien es mir, dass sie davon überzeugt war, in ihrem Tod oder gleich nach ihrem Tod als Erstem ihrem Vater zu begegnen. Er hatte es schwer in seinem Leben und starb früh. Nach der Heirat zog er mit seiner Frau in das Haus seines Schwiegervaters, der in Melle eine Korkfabrikation betrieb.

Mutters Vater, er war Tischler, hatte den Ehrgeiz, für seine Familie ein eigenes Haus zu bauen, denn das Haus seines Schwiegervaters erbte der Bruder seiner Frau. Doch während der Weltwirtschaftskrise und Inflation Ende der Zwanzigerjahre verlor er sein gesamtes angespartes Vermögen.

Zwischen Mutter und ihrem Vater bestand ein sehr enges und inniges Verhältnis. Während des Zweiten Weltkrieges erkrankte er an Darmkrebs und starb 1947 unter größten Schmerzen. Seine letzten Worte bestanden aus einer inständigen Bitte, die er sterbend mehrmals wiederholte: »Lotti soll kommen. Die Tür geht nicht auf. Lotti soll kommen und sie mit einem Hobel bearbeiten, damit sie sich öffnet.« Mutter hat ihn beruhigt und ihm immer wieder zugesprochen, dass sie seinen Wunsch erfüllt habe und die Tür jetzt ganz leicht zu öffnen sei.

Mit zunehmendem Alter denke ich immer häufiger an meinen Vater, den ich als überaus gütig in Erinnerung habe. Obwohl er durch sein Schicksal und seine Krankheit schweres Leid zu tragen hatte, kommt er mir jetzt innerlich durchaus heiter und voll Lebensfreude entgegen. Das Dunkle, Schwere und Schmerzhafte ist ganz und gar aus seinem Leben gewichen und eine liebenswürdige Strahlkraft geht von ihm aus. Ich spüre darüber hinaus auch seine unglaubliche Teilnahme an der Existenz von vielen Menschen, die noch in dieser Welt leben. Es kann einfach nicht sein, dass nach dem Tod das Wesen oder die Seele eines Menschen sich auflöst, nein, sie ist von unzerstörbarer Natur und wirkt fort. Daher lässt mich auch der Gedanke an meinen eigenen Tod in völliger Ruhe. Ich weiß, dass für eine gewisse Zeit die Sonne für unsere irdischen Augen untergeht, in Wahrheit jedoch geht sie niemals unter, sondern leuchtet fort von Ewigkeit zu Ewigkeit.

Seither sehe und erlebe ich vieles in der Welt unter einem ganz anderen Aspekt. Im Hinblick auf das Andauernde schenkt sich mir ein viel reicheres Gefühl von der

Welt, als ich es früher hatte. Damals suchte ich draußen und fand das Wesentliche nicht. Ich weiß und spüre heute, dass das Eigentliche in mir selbst ruht. Ich erlebe es als innere und bis in die Seele gründende Ruhe, in der sich bestimmt einmal die Gegenwart Gottes sich mir offenbart.

Schon seit längerer Zeit klagte Mutter unter plötzlich auftretenden Leibschmerzen, die sich zu Krämpfen steigerten. Der Internist stellte Gallensteine fest und empfahl, sie so schnell wie möglich entfernen zu lassen. Mutter entschloss sich zu einer neuen Oparationsmethode, die ihr vonseiten der Ärzte nahegelegt wurde: Mit einer Schlinge, die durch den Mund bis zur Galle geführt wird, werden die Steine einzeln aus der Gallenblase gezogen. Mutter ließ diesen Eingriff erfolgreich über sich ergehen – in der Hoffnung, vorerst von den Schmerzen erlöst zu sein. Doch lag etwas Unheimliches in der Luft; sie muss es selbst gespürt haben.

Ich bot Mutter an, zu mir ins Weserbergland zu ziehen, damit sie nicht allein zu Hause sei. Obwohl sie verneinte, richtete ich ihr eine kleine Wohnung in meinem Haus in Rohdental ein: ein geräumiges, sonnendurchflutetes Wohn-Schlafzimmer in der ersten Etage mit leichter Dachschräge, dazu eine kleine Küche und ein Bad. Die Einrichtung war mit keinem großen Zeitaufwand verbunden, denn die Vorbesitzer hatten alle Anschlüsse gelegt, nur nicht ausgebaut. Von einem nach Süden gelegenen Balkon konnte Mutter weit ins Wesertal blicken. Ihr Kommen – außer mehreren kurzen Besuchen – blieb jedoch aus. Ich konnte schwerlich damit leben, Mutter allein in ihrem großen Haus zu wissen. Auch meine Schwester konnte Mutter lediglich besuchen und nicht zu ihr ziehen, da sie durch ihre eigene Familie in Bielefeld gebunden war.

Ich bat Herrn Pracht, den neuen Geschäftsführer, mit dem Mutter sich gut verstand, häufig nach ihr zu schauen. So konnte er sie, da Mutter plötzlich wieder heftige Schmerzen bekam, umgehend ins nahe gelegene Mathias-Spital zur ambulanten Behandlung bringen. Außer Herrn Pracht kamen zu festgelegten Zeiten liebe Menschen zu Besuch, die sich so besorgt um Mutter kümmerten, als sei es ihre eigene Mutter. Es begann jedoch eine Zeit der Unsicherheit, die mich veranlasste, zweimal täglich mit Mutter zu telefonieren und sie, sooft es eben möglich war, zu besuchen.

Es ist erstaunenswert, wie rasch mit dem Freiwerden von inneren Blockaden und mit Gedanken an den Tod sich der Blick und das Urteil ändern. Ich habe mir daher vorgenommen, keinen Menschen zu verurteilen und keine Sache für unmöglich zu halten, denn jeder hat doch seine Zukunft und es gibt keine Sache, die nicht ihre Stunde bekommt. So glaube ich auch fest daran, dass das Leben nach dem Tod weitergeht. Ich habe keine Angst vor dem Sterben und dem Tod, denn beides bedeutet für mich einen natürlichen Übergang in eine andere Welt. Bestimmt wäre ich von mir enttäuscht, wenn ich auf dem Sterbebett verzweifeln würde.

»Das Unvermeidliche mit Würde tragen«

Wenn Mutter nicht von zu starken Schmerzen gequält wurde, fuhr sie täglich zur Firma, sprach mit den beiden Geschäftsführern, erkundigte sich nach den Aufträgen und dem Geldeingang und gab hier und da Rat aus ihrer langen und intensiven Lebenserfahrung. Sie besuchte ebenso regelmäßig die Deutsche Bank, bei der sie und das Unternehmen Kunden waren, sprach, wenn es eben möglich war, mit dem Bankdirektor oder einigen Angestellten, die sie seit Jahrzehnten kannte.

Im folgenden Text drückt sie den notwendigen Wechsel zwischen Ruhe und Aktivität treffend aus. Doch in einem Punkt versagte sie mehr und mehr. Mutter verlor die Lust und Freude am Essen; nur wenn Besuch kam, aß sie ein wenig mit, sonst kam es vor, dass sie tagelang nichts Richtiges an Nahrung zu sich nahm. Ich glaube, es schmeckte ihr nicht mehr und zudem hatte sie Angst vor neuen Schmerzen. Sie wurde immer dünner und magerer. Mutter ging zwar zum Arzt, doch intensiv untersuchen ließ sie sich vorerst nicht.

Wer so nahe vor dem Ausgang des Lebens steht wie ich, dem stellen sich die Geheimnisse des Lebens und Sterbens ernst und mächtig gegenüber. Durch die Unterstützung der Meditation kommt ganz langsam bei mir das Verborgene ans Licht und das Verhüllte wird offenbar.

Suche ich jedoch rein intellektuell nach Erkenntnis, stößt mein Denken an Grenzen und ich komme keinen Schritt weiter. Lasse ich jedoch jegliches Wollen und Denken in der Meditation los, dann nähere ich mich ein wenig der Botschaft aus der Bergpredigt: »Die ein reines Herz haben, werden Gott schauen.«

Ich darf in der Meditation durch ein Tor gehen und vieles, was mich bedrängt, vorübergehend – und hoffentlich einmal für immer – zurücklassen. In dieser für mich neuen Erfahrungswelt wird mir Ruhe und Erhabenheit geschenkt, die ich dann mit hineinnehmen kann in meinen Alltag. Dieses wunderbare Geschenk kann nur ein göttliches sein und mit der Gnade Gottes in Verbindung stehen. So wie ich sicher bin, dass nicht allein durch Erkenntnis das Ziel unseres Lebens erreicht wird, so sicher bin ich auch, dass ich es nicht allein durch Einkehr erreichen kann. Einkehr und Erkenntnis, Praxis und Wissenschaft, Ruhe und Aktivität müssen zusammenkommen, sich ergänzen und ein Ganzes bilden.

Es ist erstaunlich, mit welcher Konsequenz und Selbstverständlichkeit Mutter bis zum Schluss am inneren Gebet und der Einkehr festhielt. Wenn wir in dieser, ihrer letzten Lebensphase miteinander sprachen, ging es mehr um gesundheitliche Fragen und eventuelle Therapien als um Erfahrungen, die ihr im Gebet geschenkt wurden. Darüber sprach sie nicht. Ich bin sicher, dass Mutter nur einen Bruchteil von dem, was sie während ihrer inneren Einkehr sah und erlebte, in Worte fasste oder gar in Worte fassen konnte. Erst nach ihrem Tod, als ich zum ersten Mal ihre Texte aus dem Blauen Buch in mich aufnahm und verinnerlichte, konnte ich ein wenig mehr das Wesen dieser wunderbaren Frau erfassen.

Obwohl meine Schwester und ich alles Denkbare und Mögliche taten, um Mutters Gesundheit wiederherzustellen und zu erhalten, hatte ich den Eindruck, dass ihr Hauptaugenmerk auf etwas ganz anderes, Leben Überdauerndes, gerichtet war.

Während der inneren Einkehr habe ich einen Hauch der uns verheißenen Unsterblichkeit mit eigenen Augen gesehen. Ich blickte zuerst auf einen Brunnen, neben dem einige Palmen wuchsen. Alles leuchtete und lebte in einem wundervollen, ich möchte sagen, in einem so hellen Licht, das ich nicht beschreiben kann. Ich habe zum ersten Mal mein eigenes Wesen und Empfinden wahrgenommen, das mir bisher mehr oder weniger verhüllt war, weil mir die Kraft und die Gnade fehlten, es in meinem Bewusstsein zu fassen.

Diese Erfahrung bedeutet für mich die größte Erschütterung und gleichzeitig Erhebung, derer meine Natur bisher überhaupt fähig war. Für Augenblicke trat eine unfassbar große Ruhe in mein Inneres und es schien mir, ganz vom irdischen Leben gelöst zu sein. Als ich mir nach dem Gebet diese wunderbare Erfahrung noch einmal vor Augen stellte, erhob sich in mir der Gedanke, dass mein Leben bald vorbei sein wird. Er hatte nichts Schweres oder gar Trauriges an sich. Ich fühlte in die Zukunft und sah eine Flut wunderbaren Lichtes. Der Welt von Heute wird unweigerlich eine Welt von Morgen folgen – dessen bin ich mir absolut sicher.

Eines Nachts wurde Mutter von derartigen Schmerzen überfallen, dass sie aus ihrer Not eine Freundin anrief, die sofort kam und mit ihr im Krankenwagen in die Universitätsklinik nach Münster fuhr. Ehe ich aus Rohdental kommen konnte, war es bereits Morgen. Mutter lag ruhig und entspannt da – in einem Zimmer des Bettenturmes, von dem aus man über ganz Münster und Umgebung schauen konnte. War das eine Weite …

Man stellte bei Mutter einen sehr plötzlich und schnell aufgetretenen Gallengangkrebs fest. Der behandelnde Arzt nahm mich zur Seite und sagte mir, wie ernst es um Mutter bestellt sei. Mit Einwilligung von Mutter wurde eine Operation vorbereitet, bei der – dieses Mal auch wieder oral – ein sogenannter Stand als Überbrückung des Gallenganges eingeführt werden sollte. Mutter war hellwach, als ich sie nach dieser Operation, in ihrem Krankenbett liegend, an der Schleuse zu den Operationssälen in Empfang nahm. Ich ergriff ihre Hand und küsste sie.

Mir ist keine Christusdarstellung, die das Leiden ausdrückt, bekannt, die so schmerzverzehrt und so qualvoll blickt, wie ich es bei Mutter jetzt erlebte. Als ich auf ein kleines Zeichen von ihr mein Ohr an ihren Mund hielt, sagte sie: »Es war die Hölle. Nie mehr, nie mehr …«

Später erfuhr ich, dass keine Vollnarkose während dieses Eingriffs gegeben werden konnte. Ich war zutiefst berührt und traurig, dass Mutter während der Operation so entsetzlich leiden musste. Erstaunlicherweise jedoch erholte sie sich recht gut und schnell, sodass sie schon nach kurzer Zeit nach Hause entlassen werden konnte.

Mutter muss gefühlt haben, was der Arzt mir unter vier Augen sagte: »Ihre Mutter hat, wenn alles gut geht, die Chance, höchstens noch sieben Monate zu leben.« Ich rechnete die Zeit weiter und das Datum »Mitte April 1994« stand mir erschreckend vor Augen. Im Gegensatz zu meinen Vorstellungen wurde es für Mutter eine geheiligte Zeit, die sie ohne viel Schmerzen verbrachte.

Die folgenden Abschiedsworte – sie sind die vorletzte Eintragung in ihr Blaues Buch – hat sie kurz nach ihrem 84. Geburtstag geschrieben, den sie im Kreise ihrer Familie und ihrer Bekannten am 31. März 1994 feierte.

Sowohl das Licht als auch die Liebe sind imstande, mein Herz zu öffnen und meiner Seele Flügel zu verleihen. Licht und Liebe kennen keine Grenzen, sie durchdringen alle Mauern, innere und äußere Widerstände, vor allem aber ein verdunkeltes Herz. Licht und Liebe vollenden Begonnenes, spenden Hoffnung und legen den Grundstein für einen unerschütterlichen Glauben.

Diese Worte habe ich geschrieben, weil ich sie erfahren habe und Dir mit ihnen Mut machen möchte für Dein priesterliches Leben. Jetzt weiß ich, dass Du auf der richtigen Spur bist, die, wenn Du sie nicht wieder verlässt, auf geradem Weg in den Himmel führt. Jetzt spüre ich ebenso, dass Du meine Unterstützung in dieser Welt nicht mehr benötigst. Alle Worte, die ich Dir sagen wollte, habe ich Dir gesagt oder geschrieben oder in meinem Blauen Buch festgehalten, damit Du sie später einmal, wenn ich nicht mehr auf dieser Welt bin, entdecken kannst.

Ich wünsche Dir, dass Du die tröstliche und wärmende Nähe des Lichtes und der Liebe immer neu erfahren darfst. Ich wünsche Dir wahre Geborgenheit in Gott und, wenn sie einmal schwinden sollte, eine zuversichtliche Hoffnung, dass diese Geborgenheit Dir neu geschenkt wird.

Für mich war es ganz erstaunlich, wie gut und heiter Mutter ihren doch ein wenig anstrengenden letzten Geburtstag überstanden hat. Sie räumte sogar das Geschirr auf und pflegte in den darauffolgenden Tagen mit Liebe die vielen Blumen, die sie zu ihrem Fest bekommen hatte. Wegen meiner Verpflichtungen im »Haus Cassian« musste ich leider zurück, sonst wäre ich gern noch einige Tage bei Mutter geblieben. Am Telefon wirkte sie lebensfroh und zuversichtlich. Ihre letzte Eintragung in das Blaue Buch zeigt jedoch, wie es wirklich um sie stand und dass sie sich mit dem Tod massiv auseinandersetzte.

Einige Tage später ging es ihr so schlecht, dass Mutter sofort ins benachbarte Krankenhaus eingeliefert werden musste. Es war Mitte April. Sollte die Voraussage des Arztes wirklich so genau in Erfüllung gehen? Mutter kam nicht mehr lebend in ihr so sehr geliebtes Zuhause zurück.

Den Schritt in meine letzten Lebenstage tue ich mit großer Zuversicht und Gelassenheit. Mein Leben war ständig in Bewegung, doch jetzt möchte diese bewegte Wirklichkeit zum Stillstand kommen. Ich bete innerlich um die Bereitschaft, dem zuzustimmen, was der Herrgott mit mir vorgesehen hat. Ja, wenn er mich aus dieser Welt ruft, ist es nicht nur ein Zustimmen, sondern er fordert von mir, da ich mich immer noch gegen den Tod sträube, dass ich mich unter seinen Willen beuge, dass ich das bejahend annehme, was er von Augenblick zu Augenblick von mir fordert. Noch ist mein Herz mit einer unbeschreiblichen Traurigkeit und mit Schmerz erfüllt. Doch darunter spüre ich Zufriedenheit und tiefe Dankbarkeit.

Ich bitte im Gebet darum, nicht bitter zu werden und, dass der Herr alle Angst von mir nehme. Ich bitte ihn, mich für sein Kommen zu bereiten und alles, was er mir aufträgt, geduldig ertragen zu können. Möge doch die tiefe Dankbarkeit, die ich eigentlich Gott gegenüber für mein Leben empfinde, jetzt in diesen Stunden in mein Herz zurückfinden.

Das Ende meiner Zeit in dieser Welt ist gekommen. Noch bin ich unfähig, den Schmerz des Abschieds zu verkraften und das mir entgegenkommende Licht und die Liebe in mein Herz aufzunehmen. Eine neue Daseinsweise wartet auf mich.

Nun haben Gelassenheit und Geduld sich bei mir wie von selbst eingestellt so, wie ich sie täglich neu durch das Gebet der Ruhe eingeübt habe. Mein Lebensprinzip stellt sich mir vor Augen und ich möchte es jetzt am Ende meines Lebens noch einmal verwirklichen: »Man muss das Unvermeidliche mit Würde tragen.«

Doch noch einmal die Frage: Werde ich es schaffen, auch diese Krankheit und den Tod in Würde zu ertragen und anzunehmen? Mein ganzes Leben war eine Hinführung zu dieser Gelassenheit und Einübung in den Willen Gottes.

Herr, gib mir viel Kraft und guten Mut, das Leben, das Du mit mir begonnen hast, auch in Deinem Sinne zu beenden. Jetzt, wo Du es von mir zurückforderst, möchte ich es schweigend in Deine Hände legen. Schenke mir den Frieden des Herzens und die Gewissheit einer tiefen Geborgenheit in Dir.

Der Abschied

Mutters letzte Worte in ihrem Blauen Buch bestehen aus einem Gebet der Hingabe. Welch schwere innere Kämpfe hat sie durchstehen müssen – besonders durch die bewegende Teilnahme an meinem Lebensweg –, bis Mutter am Ende diese wunderbaren Gebetsworte lebenswahrhaftig sprechen und vor den Herrgott bringen konnte.

Mutter lag in einem hellen freundlichen Zimmer des Mathias-Spitals. Als ich sie kurz nach ihrer Einlieferung besuchte, hatte sie schmerzstillende und kräftigende Mittel durch eine Infusion bekommen. Sie saß aufrecht im Bett und freute sich, dass sie hier so gut aufgehoben war. In dem Krankenhaus, in dem sie vor fünfzig Jahren selbst die Kranken während des Krieges betreute, war sie nun Patientin und wurde von jungen liebenswürdigen Schwestern gepflegt. Der Arzt sagte mir auf dem Flur, dass sie bei Mutters fortgeschrittener Krankheit konkret zur Bekämpfung des Krebses nichts mehr machen könnten, doch täten sie alles, um Mutter die Krankheit zu erleichtern. Infolge der Medikamente und der Erschöpfung schlief Mutter viel. Es tat ihr gut, und wenn sie erwachte, war sie ganz heiter.

Meine Schwester und ich wechselten uns ab, sodass – außer des Nachts – immer jemand von uns bei ihr war. Da Mutters Zustand gleichbleibend war, fragte ich sie, ob ich für ein oder zwei Tage nach Rohdental fahren könne, um dort nach dem Rechten zu sehen. Sie sagte, ich möge doch fahren und zur Not könne ich ja in drei Stunden wieder bei ihr sein. Ich zögerte jedoch und blieb noch einige Stunden bei ihr, ehe ich mich dann am Abend von ihr verabschiedete. Nach dem Abendbrot – es war schon spät, vielleicht gegen halb elf – ging ich noch einmal zu ihr. Ich stand an ihrem Bett und Mutter schlief. Auf einmal öffnete sie weit ihre Augen und sagte ein wenig erstaunt: »Du bist hier, wie schön!« Bis sie wieder eingeschlafen war, hielt ich ihre Hand und betete leise. Dann machte ich mich auf den Weg, es war Mittwoch, fünf Tage nach Mutters Einlieferung ins Krankenhaus. Da ich einen Tag im »Haus Cassian« bleiben wollte, plante ich, am Freitag zurück zu Mutter zu fahren. Doch in aller Früh – es muss zwischen fünf und sechs Uhr gewesen sein – erhielt ich einen Anruf vom Krankenhaus, ich möge doch sofort kommen, Mutter atme schwer und sie ließe sich nicht aufwecken.

Kurz darauf saß ich im Auto, doch machte ich mir Vorwürfe, nicht bei Mutter geblieben zu sein. Ich betete laut: »Herr, ich bitte dich aus ganzem Herzen: Lass mich Mutter noch lebend antreffen. Solltest du sie in diesen Stunden zu dir rufen, so gib uns ein wenig Zeit, dass ich sie im Sterben begleiten darf.« Der Weg von Rohdental zu Mutter beträgt ungefähr zweihundert Kilometer, der größte Teil führt über die Autobahn, die jedoch durch die Stadt Oeynhausen langwierig unterbrochen wird. Ebenso langwierig ist der Weg, der in Rheine von der Autobahnabfahrt bis zum Krankenhaus führt. Ab Oeynhausen nahm ich es bewusst wahr: Jede Ampel war auf Grün geschaltet, als ich die Kreuzung oder den Fußgängerüberweg überfuhr, sodass ich auf der gesamten Strecke keine Sekunde warten musste. Dieses gute Zeichen – ich deutete es als eines vom Himmel – beruhigte mich zutiefst und ich wusste mit Gewissheit, dass Mutter auf mich warten würde.

Ich betrat das Zimmer und sah Mutter, auf dem Rücken liegend, schlafend. Sie atmete ruhig und gleichmäßig durch den geöffneten Mund. Meine Schwester saß an ihrem Bett – ihr Weg von Bielefeld war nicht so weit wie der meine. Ich schwieg. Es war ganz still im Zimmer. Jetzt war die »kleine Familie« wieder zusammen, denn ich hatte den starken Eindruck, dass auch Vater anwesend sei. Mutter war nicht ansprechbar, so begann ich leise zu beten. Ihr Gesicht war entspannt, ebenso ihre schlanken Hände, die gelöst auf der Bettdecke lagen. Meine Schwester schien gefasst, sie sagte nichts. Ein bis zwei Stunden vergingen – ich habe die Zeit nicht gespürt, sondern im abwechselnden lauten und innerlichen Beten auf Mutters Ein- und Ausatmen geschaut und gehorcht. Als sich der Atem verlangsamte und ihre Füße sich blau färbten, begann ich, Mutter laut bei ihrem Namen anzusprechen, immer und immer wieder, und sie zu ermutigen, weiterzugehen, dem Licht entgegen. Mutter war bereits unterwegs und schaute sich nicht mehr um, denn sie öffnete weder die Augen, sie sprach nicht, noch bewegte sie sich. Tiefer Frieden lag auf ihrem Gesicht und breitete sich mehr und mehr aus.

Als ein dumpfes Röcheln ihre Atemzüge begleitete, rief meine Schwester die Stationsschwester. Diese rannte aus dem Zimmer und kam mit zwei Ärzten zurück, die den angesammelten Schleim absaugten, damit Mutter nicht erstickte. Vorher wurden meine Schwester und ich gebeten, so lange auf dem Flur zu warten. Ich betete leise, dass Mutter nicht leiden müsse, und unweigerlich stand mir ihr schmerzverzehrtes »Christus-Gesicht« vor Augen, als ich sie vor genau sieben Monaten aus dem Operations-saal in Münster abholte. Es war mir äußerst unangenehm, Mutter in dieser Phase ihres Sterbens alleinzulassen – und wenn es auch nur für einen kurzen Augenblick war.

Jetzt atmete sie wieder ruhiger und gleichmäßiger. Ich setzte die Sterbebegleitung fort. Meine Schwester wunderte sich, aber sie schwieg immer noch. Kein Schmerz und kein Leiden standen auf Mutters Gesicht. Tiefer, überirdischer Friede ging von ihr aus. Der Abstand zwischen den einzelnen Atemzügen wurde immer größer. Dann setzte der Atem ganz aus, kam aber nach einer langen Pause noch zweimal zurück. Ich segnete Mutter und begleitete ihr Sterben noch lange, nachdem sie ihren letzten Atemzug getan hatte – in der Gewissheit, dass die Seele jedes Verstorbenen noch lange in dieser Welt ist und wahrnimmt, was um ihn herum geschieht.

Es war Freitag, der 22. April, um neun Uhr zwanzig.

Obwohl das Zimmer für einen neuen Patienten hergerichtet werden sollte, bat ich die Schwestern noch um Aufschub, den sie mir auch gewährten. Inzwischen war die Freundin von Mutter eingetroffen. Sie hatte ein Seminar bei der Benteler AG in Paderborn auf meinen Anruf hin abgebrochen und war sofort nach Rheine ins Krankenhaus gefahren. Jetzt begleiteten wir Mutter zu dritt.

Als ich gegen Mittag den Bestatter vom Zimmer aus anrufen wollte, hieß es von der Krankenhauszentrale, man könne keine Verbindung herstellen, da die Patientin bereits entlassen sei. Wie recht hatte die Dame, wenn ich hinzufüge »aus dieser Welt«. Nach längerem Zögern gab man mir schließlich eine Ortsleitung und ich konnte mit Horst Gruber, dem Bestatter, sprechen. Für mich war es selbstverständlich, Mutter für die Zeit bis zur Beerdigung

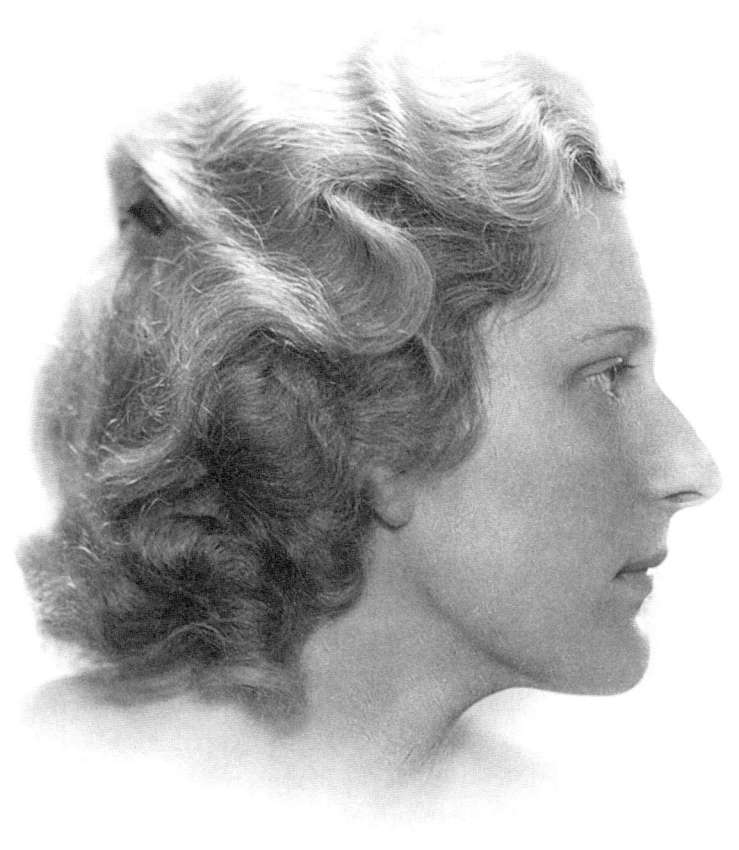

Ein Bild von Mutter aus den Vierzigerjahren, das Vater bis zu
seinem Tod in seiner Brieftasche trug

nach Hause zu holen. Als Erstes sagte er mir, es müsse eine Bescheinigung des Ordnungsamtes vorliegen, um Mutter zu Hause aufbahren zu dürfen. Mutters Freundin war bekannt für schnelles spontanes und erfolgreiches Handeln. Sie fuhr zum Rathaus und erreichte es noch in letzter Minute – am Freitagnachmittag wurde nicht mehr gearbeitet –, dass eine Dame ihr die erforderlichen Unterlagen ausstellte. Auch ohne diese hätte ich Mutter zur Stunde nach Hause geholt – und wenn ich sie eigenhändig getragen hätte. Das war mein Versprechen ihr gegenüber. Doch alles ging sanft.

Ich begleitete Mutter, als sie in das Untergeschoss des Krankenhauses gefahren wurde. An der Tür stand bereits der Bestatter und nahm uns in Empfang. Auf dem kurzen Weg zu Mutters Haus saß ich neben ihr. Dann brachten wir sie in ihr Wohnzimmer und stellten den Sarg nahe ans Fenster, dahin, wo Mutter oft saß und in ihren Garten schaute. Meine Schwester und Mutters Freundin waren bereits da. Sie holten die weiße Lamadecke, die Mutter so gern hatte, und deckten sie damit zu. Nachdem wir den Beerdigungstag auf den Dienstagmorgen festgelegt hatten, verabschiedete sich Herr Gruber.

Mutter war Zuhause angekommen und tiefer Friede kehrte ein. Wir zündeten neben ihr zwei Kerzen an und stellten Blumen dazu. Und dann setzten wir uns zu ihr. Mutters Augen waren geschlossen – sie schlief und schlafend war sie am Morgen hinübergegangen, so, wie sie es sich gewünscht hatte. Mutter trug eine rosafarbene Angorajacke, ihre Hände lagen auf der Decke und auf ihren schlanken Fingern und an ihrem Arm trug sie ihren Lieblingsschmuck, den sie gewohnt war, auch nachts nicht abzulegen. Im Gegensatz zu meiner Schwester, die erklärte, sie könne unter keinen Umständen eine Nacht in diesem Haus bleiben, war es für Mutters Freundin selbstverständlich, bis zur Beisetzung bei Mutter zu wohnen. Ich war dankbar dafür, denn so konnten wir uns abwechseln und gegenseitig stärken.

Die Tage mit Mutter waren eine stille, aber auch eine innerlich bewegte Zeit. Bei herrlichem Sonnenschein blühten die Frühjahrsblumen, die Mutter jedes Jahr so sehnsüchtig erwartete. An diesen vier Tagen kamen Verwandte und Bekannte, um sich von Mutter zu verabschieden. Sie hatte sich gewünscht, in aller Stille neben dem Grab von Vater beigesetzt zu werden, nur in Anwesenheit meiner Schwester und mir. Einige Verwandte drückten ihr Unverständnis demgegenüber aus, doch bat ich darum, den Wunsch von Mutter so zu respektieren.

Jeder von den vier Tagen, die Mutter zu Hause verbrachte, hatte seine eigene Würde. Niemals war sie allein. Täglich kam meine Schwester. Persönliche Dinge, die sie besonders liebte, legte ich ihr in den Sarg: ein silbernes Sterbekreuz, einen violetten Edelstein aus Brasilien, den ihre Freundin ihr geschenkt hatte, das Bundesverdienstkreuz und ein Bild von Vater und eines von ihr selbst, das Vater am meisten liebte und über zwanzig Jahre in seiner Brieftasche wie ein Heiligtum bewahrte.

Nachruf

Herr, gib mir viel Kraft und guten Mut, das Leben, das Du mit mir begonnen hast, auch in Deinem Sinne zu beenden. Jetzt, wo Du es von mir zurückforderst, möchte ich es schweigend in Deine Hände legen. Schenke mir den Frieden des Herzens und die Gewissheit einer tiefen Geborgenheit in Dir.«

Kurz vor ihrem Tod schrieb Mutter dieses Gebet als letzte Worte in ihr Blaues Buch. Vier Tage nach ihrem Tod brachten meine Schwester und ich sie zum Friedhof und betteten sie neben Vater, der dreißig Jahre vor ihr gehen musste, zur letzten Ruhe. Vielleicht zwei Stunden oder mehr verweilten wir dort – in liebender Erinnerung an Mutter, im Gebet, im Schweigen und in der Gewissheit, dass wir am Anfang des wahren Lebens von Mutter stehen. Das wahre und ewige Leben ist unseren menschlichen Augen in dieser Welt noch verborgen, die Augen der Seele jedoch haben jederzeit die Möglichkeit, wenn sie uns als Gnade geschenkt werden, in die Herrlichkeit Gottes und das ewige Leben der Heiligen Einblick zu nehmen.

Genau sechs Wochen nach ihrem Tod erschien mir Mutter aus der anderen Welt, in der sie nun lebt, zum ersten und bisher zum letzten Mal. Als ich erwachte, erlebte ich, dass es wesentlich mehr und reicher als ein Traum war. Für mich ist es eine Wirklichkeit, die nicht nur meinen Glauben stärkt, sondern mir beweist, wie gut das Leben, die Auseinandersetzungen mit Mutter und die Liebe zu ihr waren und sind.

Allein, aber in Ruhe und Gelassenheit, ging ich eine dunkle Straße. Auf beiden Seiten standen vier- bis sechsstöckige Häuser, die aneinander gebaut waren. Aus dem Fenster eines dieser Häuser rechts vor mir und einige Stockwerke über mir kam ein überhelles strahlendes Licht, das meine Aufmerksamkeit und Bewunderung auf sich zog. Von diesem wunderbaren Licht beschienen und es gleichzeitig selbst ausstrahlend, trat Mutter ans Fenster. Ich erkannte sie sofort an ihrem lieben und gütigen Gesicht, an ihrer rosafarbenen Angorajacke und an ihren hellblonden Haaren. Sie lachte und sprach mit anderen, die ich aber nicht sah. Etwas, das man Glückseligkeit nennen könnte, ging von ihr aus, etwas ganz Erhebendes, das mein Herz traf. Mutter schaute nicht aus dem Fenster zu mir herab, sondern blieb freudig und lachend im Gespräch auf der Ebene mit den anderen.

Eine grenzenlose Gewissheit, dass es ihr gut geht, erfüllte mich und ließ mich geradewegs meinen Weg ohne jegliche Traurigkeit, sondern gestärkt und zielbewusst weitergehen.

Danach hat sich Mutter nicht mehr gemeldet. Ich bin aber der festen Überzeugung, dass ihr Leben, das zum göttlichen aufsteigt, von guten Mächten weiterhin begleitet wird und dass alles, was mit uns und zwischen uns in dieser Welt geschah, sowohl für uns beide als auch für alle Beteiligten gut und richtig war.

Verzeichnis der Abbildungen

Alle Fotos aus eigenem Archiv